Gătitul cu sodiu redus

Descoperă gusturile și aromele de casă cu o dietă cu sodiu redus

Olivia Martin

Cuprins

Mix de creveți și ananas 12

Somon și măsline verzi 13

somon și fenicul 14

cod si sparanghel 15

creveți asezonați 16

biban de mare și roșii 17

creveți și fasole 18

Mix de creveți și busuioc 19

Salată de creveți și tarhon 20

Mix de cod cu parmezan 21

Mix de tilapia și ceapă roșie 22

salata de pastrav 23

Păstrăv balsamic 24

somon cu patrunjel 25

Salata de pastrav si legume 26

somon șofran 27

Salată de creveți și pepene verde 28

Salată de creveți și quinoa cu oregano 29

salata de crabi 30

scoici balsamic 31

Mix cremos de talpă 32

Amestecul picant de somon și mango 33

Amestecul de mărar de creveți 34

Pate de somon 35

creveți cu anghinare	36
Creveți cu sos de lămâie	37
Mix de ton și portocale	38
curry de somon	39
Amestecul de somon și morcovi	40
Mix de creveți și nuci de pin	41
Cod și fasole verde	42
scoici de usturoi	44
Mix cremos de biban de mare	45
Mix de biban și ciuperci	46
supa de somon	47
Creveți Nucșoară	48
Mix de creveți și fructe de pădure	49
păstrăv lamaie copt	50
scoici de arpagic	51
Chiftele de ton	52
tigaie cu somon	53
Cod amestecat cu muștar	54
Mix de creveți și sparanghel	55
cod și mazăre	56
Boluri cu creveți și midii	57
crema de menta	58
budincă de zmeură	59
batoane de migdale	60
Mix de piersici prăjite	61
plăcintă pecan	62
prăjitură cu mere	63

crema de scortisoara	64
amestec cremos de căpșuni	65
Brownies cu vanilie și nucă	66
budinca de cacao	68
Crema de nucsoara si vanilie	69
crema de avocado	70
crema de zmeura	71
salata de pepene verde	72
Mix de pere de nucă de cocos	73
sos de mere	74
tocană de caise	75
Amestec de pepene și lămâie	76
crema de rubarba	77
boluri cu ananas	78
tocană de afine	79
Budincă de lămâie	80
crema de piersici	81
Amestec de scorțișoară și prune	82
Măr Chia și Vanilie	83
tocană de rubarbă	85
crema de rubarba	86
salata de afine	87
Curmale si crema de banane	88
briose cu prune	89
Boluri cu prune uscate și stafide	90
batoane cu semințe de floarea soarelui	91
Boluri cu afine și caju	92

Boluri cu portocale și mandarine 93

Crema de dovleac 94

Amestecul de smochine și rubarbă 95

banane asezonate 96

smoothie de cacao 97

batoane cu banane 98

Batoane cu curmale și ceai verde 99

Tort cu lamaie 101

batoane cu stafide 102

Pătrate de nectarine 103

tocană de struguri 104

Cremă de mandarine și prune 105

Crema de cirese si capsuni 106

Nuci de cardamom și budincă de orez 107

pâine de pere 108

Budincă de orez și cireșe 109

tocană de pepene verde 110

budincă de ghimbir 111

crema de caju 112

prăjituri de cânepă 113

Boluri cu rodii și migdale 114

Broccoli de curcan și chimen 115

Cuișoare de pui 116

pui cu anghinare 117

amestec de ardei de curcan 118

Pulpe de pui si legume cu rozmarin 119

Pui cu morcovi si varza 121

Sandviș cu vinete și curcan	122
Tortile simple de curcan și dovlecei	124
Pui cu ardei gras și tigaie de vinete	125
curcan fript balsamic	126
Mix de cheddar de curcan	127
parmezan de curcan	128
Mix cremos de pui și creveți	129
Mix de curcan cu busuioc și sparanghel cald	130
amestec de caju de curcan	131
Turcia și fructele de pădure	132
Piept de pui cu cinci condimente	133
Curcan cu legume asezonate	134
Ciuperci cu Pui si Chile	135
Chili Chicken Anghinare	136
Amestecul de pui și sfeclă	137
Turcia cu salata de telina	138
Mix de pulpe de pui și struguri	139
Turcia și orzul cu lămâie	140
Curcan cu amestec de sfeclă și ridichi	141
Mix de porc cu usturoi	142
Boia de porc cu morcovi	143
Carne de porc cu ghimbir si ceapa	144
carne de porc cu chimen	146
Amestecul de carne de porc și legume	147
Tigaie de porc cu cimbru	148
Carne de porc cu nucă de cocos și țelină	151
Mix de porc și roșii	152

Cotlete de porc cu salvie 153

Carne de porc thailandeză și vinete 154

arpagic de porc 155

balsamic de porc 156

carne de porc pesto 157

Ardei de porc și pătrunjel 158

amestec de chimen și miel 159

Carne de porc cu ridichi și fasole verde 160

Miel cu fenicul și ciuperci 161

Tigaie cu carne de porc și spanac 162

Carne de porc cu avocado 164

Amestec de mere și carne de porc 165

Cotlete de porc cu scorțișoară 166

Cotlete de porc cu nucă de cocos 167

Carne de porc cu amestec de piersici 168

Miel cu cacao și ridichi 169

Carne de porc cu lamaie si anghinare 170

Carne de porc cu sos de coriandru 172

Carne de porc cu amestec de mango 173

Cartofi dulci de porc cu rozmarin si lamaie 174

Carne de porc cu naut 175

Cotlete de miel cu kale 176

miel cu piper 177

Carne de porc cu praz cu boia 178

Cotlete de porc și mazăre 179

Carne de porc și porumb 180

miel cu mărar 181

Cotlete de porc cu ienibahar și măsline 182
Cotlete italiene de miel 183
Orez cu carne de porc si oregano 184
găluște de porc 185
Carne de porc și andive 186
Ridiche de porc și arpagic 187
Chifteluțe de spanac cu mentă 188
Chiftele și sos de nucă de cocos 190
Linte și carne de porc cu turmeric 191
miel sot 192
Carne de porc cu sfeclă roșie 193
miel și varză 194
Miel cu porumb și bame 195
Carne de porc cu muștar și tarhon 196
Carne de porc cu varza si capere 197
Carne de porc cu varza de Bruxelles 198
Amestec fierbinte de porc și fasole verde 199
Miel cu Quinoa 200
Pâine de miel și bok choy 201
Carne de porc cu bame și măsline 202
Orz de porc și capere 203
Mix de porc și arpagic 204
Nucșoară de porc și fasole neagră 205
Somon și Mărar Capere 207
salata de somon si castraveti 208
ton și eșalotă 209
Amestecul de cod cu menta 210

Cod și roșii	211
ton cu boia	212
cod cu portocala	213
Somon Busuioc	214
Cod și sos alb	215
Amestec de halibut și ridichi	216
Amestecul de somon și migdale	217
cod și broccoli	218
Mix de ghimbir și biban de mare	219
Somon și fasole verde	220

Mix de creveți și ananas

Timp de preparare: 10 minute.
Timp de preparare: 10 minute.
Porții: 4

Ingrediente:
- 1 lingura de ulei de masline
- 1 kilogram de creveți, curățați și curățați
- 1 cană de ananas, decojit și tăiat cubulețe
- 1 suc de lamaie
- O mână de pătrunjel tocat

Adrese:
1. Se incinge o tigaie cu ulei la foc mediu, se adauga crevetii si se prajesc 3 minute pe fiecare parte.
2. Adaugati restul ingredientelor, gatiti totul inca 4 minute, impartiti in boluri si serviti.

Nutriție: calorii 254, grăsimi 13,3, fibre 6, carbohidrați 14,9, proteine 11

Somon și măsline verzi

Timp de preparare: 10 minute.
Timp de preparare: 20 de minute.
Porții: 4

Ingrediente:
- 1 ceapa galbena tocata
- 1 cană măsline verzi fără sâmburi și tăiate la jumătate
- 1 lingurita pudra de chili
- piper negru după gust
- 2 linguri de ulei de măsline
- ¼ cană bulion de legume cu conținut scăzut de sodiu
- 4 fileuri de somon fără piele și fără os
- 2 linguri de arpagic tocat

Adrese:
1. Se încălzește o tigaie cu ulei de măsline la foc mediu-mare, se adaugă ceapa și se prăjește timp de 3 minute.
2. Adăugați somonul și gătiți 5 minute pe fiecare parte, adăugați restul ingredientelor, gătiți amestecul încă 5 minute, împărțiți în farfurii și serviți.

Nutriție: calorii 221, grăsimi 12,1, fibre 5,4, carbohidrați 8,5, proteine 11,2

somon și fenicul

Timp de preparare: 5 minute.
Timp de preparare: 15 minute.
Porții: 4

Ingrediente:
- 4 fileuri medii de somon, fără piele și fără os
- 1 bulb de fenicul, tocat
- ½ cană bulion de legume cu conținut scăzut de sodiu
- 2 linguri de ulei de măsline
- piper negru după gust
- ¼ cană bulion de legume cu conținut scăzut de sodiu
- 1 lingura suc de lamaie
- 1 lingura de coriandru tocat

Adrese:
1. Se incinge o tigaie cu ulei de masline la foc mediu, se adauga fenicul si se fierbe 3 minute.
2. Adăugați peștele și rumeniți timp de 4 minute pe fiecare parte.
3. Adaugati restul ingredientelor, gatiti inca 4 minute, impartiti in farfurii si serviti.

Nutriție: Calorii 252, grăsimi 9,3, fibre 4,2, carbohidrați 12,3, proteine 9

cod si sparanghel

Timp de preparare: 10 minute.
Timp de preparare: 14 minute.
Porții: 4

Ingrediente:
- 1 lingura de ulei de masline
- 1 ceapa rosie tocata
- 1 kg file de cod dezosat
- 1 buchet de sparanghel, tuns
- piper negru după gust
- 1 cana crema de cocos
- 1 lingura arpagic tocat

Adrese:
1. Se incinge o tigaie cu ulei de masline la foc mediu, se adauga ceapa si codul si se calesc 3 minute pe fiecare parte.
2. Adaugati restul ingredientelor, gatiti totul inca 8 minute, impartiti in farfurii si serviti.

Nutriție: calorii 254, grăsimi 12,1, fibre 5,4, carbohidrați 4,2, proteine 13,5

creveți asezonați

Timp de preparare: 5 minute.
Timp de preparare: 8 minute.
Porții: 4

Ingrediente:
- 1 lingurita praf de usturoi
- 1 lingurita boia afumata
- 1 lingurita de chimion, macinat
- 1 lingurita ienibahar, macinata
- 2 linguri de ulei de măsline
- 2 kilograme de creveți, curățați și curățați
- 1 lingura arpagic tocat

Adrese:
1. Se încălzește o tigaie cu ulei la foc mediu, se adaugă creveții, praful de usturoi și alte ingrediente, se fierbe 4 minute pe fiecare parte, se împarte în boluri și se servesc.

Nutriție: Calorii 212, grăsimi 9,6, fibre 5,3, carbohidrați 12,7, proteine 15,4

biban de mare și roșii

Timp de preparare: 10 minute.
Timp de preparare: 30 minute.
Porții: 4

Ingrediente:
- 2 linguri de ulei de măsline
- 2 kg de file de biban de mare, fără piele și fără os
- piper negru după gust
- 2 căni de roșii cherry, tăiate la jumătate
- 1 lingura arpagic tocat
- 1 lingura coaja de lamaie
- ¼ cană suc de lămâie

Adrese:
1. Ungeți o tavă de copt cu ulei de măsline și puneți peștele înăuntru.
2. Adăugați roșiile și alte ingrediente, puneți foaia de copt în cuptor și coaceți la 380 de grade F timp de 30 de minute.
3. Împărțiți totul în farfurii și serviți.

Nutriție: Calorii 272, grăsimi 6,9, fibre 6,2, carbohidrați 18,4, proteine 9

creveți și fasole

Timp de preparare: 10 minute.
Timp de gătire: 12 minute.
Porții: 4

Ingrediente:
- 1 kilogram de creveți, curățați și curățați
- 1 lingura de ulei de masline
- 1 suc de lamaie
- 1 cana fasole neagra conservata, nesarata, scursa
- 1 eșalotă tocată mărunt
- 1 lingură de oregano tocat
- 2 catei de usturoi tocati
- piper negru după gust

Adrese:
1. Se incinge o tigaie cu ulei la foc mediu-mare, se adauga ceapa si usturoiul, se amesteca si se fierbe 3 minute.
2. Adăugați creveții și gătiți 2 minute pe fiecare parte.
3. Adăugați fasolea și alte ingrediente, gătiți totul la foc mediu încă 5 minute, împărțiți în boluri și serviți.

Nutriție: calorii 253, grăsimi 11,6, fibre 6, carbohidrați 14,5, proteine 13,5

Mix de creveți și busuioc

Timp de preparare: 5 minute.
Timp de preparare: 8 minute.
Porții: 4

Ingrediente:
- 1 kilogram de creveți, curățați și curățați
- 2 salote tocate
- 1 lingura de ulei de masline
- 1 lingura arpagic tocat
- 2 lingurite ridiche preparata
- ¼ cană cremă de cocos
- piper negru după gust

Adrese:
4 Se încălzește o tigaie cu ulei la foc mediu, se adaugă șalota și hreanul, se amestecă și se prăjesc timp de 2 minute.
5 Adaugati crevetii si alte ingrediente, amestecati, gatiti inca 6 minute, impartiti in farfurii si serviti.

Nutriție: calorii 233, grăsimi 6, fibre 5, carbohidrați 11,9, proteine 5,4

Salată de creveți și tarhon

Timp de preparare: 4 minute.
Timp de preparare: 0 minute.
Porții: 4

Ingrediente:
- 1 kilogram de creveți, fierți, curățați și curățați
- 1 lingura tarhon tocat
- 1 lingura capere, scurse
- 2 linguri de ulei de măsline
- piper negru după gust
- 2 cesti baby spanac
- 1 lingura de otet balsamic
- 1 ceapa rosie mica, taiata felii
- 2 linguri de suc de lamaie

Adrese:
4 Într-un bol, amestecați creveții cu tarhonul și celelalte ingrediente, amestecați și serviți.

Nutriție: calorii 258, grăsimi 12,4, fibre 6, carbohidrați 6,7, proteine 13,3

Mix de cod cu parmezan

Timp de preparare: 10 minute.
Timp de preparare: 20 de minute.
Porții: 4

Ingrediente:
- 4 file de cod dezosat
- ½ cană de brânză parmezan mărunțit cu conținut scăzut de grăsimi
- 3 catei de usturoi tocati
- 1 lingura de ulei de masline
- 1 lingura suc de lamaie
- ½ cană ceapă verde tocată

Adrese:
1. Se incinge o tigaie cu ulei de masline la foc mediu, se adauga usturoiul si arpagicul, se amesteca si se prajesc 5 minute.
2. Adăugați peștele și gătiți timp de 4 minute pe fiecare parte.
3. Se adauga zeama de lamaie, se presara parmezan deasupra, se mai fierbe totul inca 2 minute, se imparte in farfurii si se serveste.

Nutriție: calorii 275, grăsimi 22,1, fibre 5, carbohidrați 18,2, proteine 12

Mix de tilapia și ceapă roșie

Timp de preparare: 10 minute.
Timp de preparare: 15 minute.
Porții: 4

Ingrediente:
- 4 fileuri de tilapia dezosate
- 2 linguri de ulei de măsline
- 1 lingura suc de lamaie
- 2 lingurite coaja de lamaie
- 2 cepe roșii, tocate
- 3 linguri de arpagic tocat

Adrese:
1. Se incinge o tigaie cu ulei la foc mediu, se adauga ceapa, coaja de lamaie si sucul de lamaie, se amesteca si se calesc 5 minute.
2. Adăugați peștele și ceapa primăvară, gătiți 5 minute pe fiecare parte, împărțiți în farfurii și serviți.

Nutriție: calorii 254, grăsimi 18,2, fibre 5,4, carbohidrați 11,7, proteine 4,5

salata de pastrav

Timp de preparare: 6 minute.
Timp de preparare: 0 minute.
Porții: 4

Ingrediente:
- 4 uncii de păstrăv afumat, fără piele, dezosat și tăiat cubulețe
- 1 lingura suc de lamaie
- 1/3 cană iaurt cu conținut scăzut de grăsimi
- 2 avocado, decojite, fără sâmburi și tăiate cubulețe
- 3 linguri de arpagic tocat
- piper negru după gust
- 1 lingura de ulei de masline

Adrese:
1. Într-un bol, amestecați păstrăvul cu avocado și celelalte ingrediente, amestecați și serviți.

Nutriție: Calorii 244, grăsimi 9,45, fibre 5,6, carbohidrați 8,5, proteine 15

Păstrăv balsamic

Timp de preparare: 5 minute.
Timp de preparare: 15 minute.
Porții: 4

Ingrediente:
- 3 linguri de otet balsamic
- 2 linguri de ulei de măsline
- 4 fileuri de păstrăv dezosate
- 3 linguri patrunjel tocat marunt
- 2 catei de usturoi tocati

Adrese:
1. Se incinge o tigaie cu ulei la foc mediu, se adauga pastravul si se fierbe 6 minute pe fiecare parte.
2. Adaugati restul ingredientelor, gatiti inca 3 minute, impartiti in farfurii si serviti cu o salata.

Nutriție: Calorii 314, grăsimi 14,3, fibre 8,2, carbohidrați 14,8, proteine 11,2

somon cu patrunjel

Timp de preparare: 5 minute.
Timp de gătire: 12 minute.
Porții: 4

Ingrediente:
- 2 arpagic tocat
- 2 lingurite de suc de lamaie
- 1 lingura arpagic tocat
- 1 lingura de ulei de masline
- 4 fileuri de somon dezosate
- piper negru după gust
- 2 linguri de patrunjel tocat

Adrese:
1. Se incinge o tigaie cu ulei la foc mediu, se adauga ceapa primavara, se amesteca si se caleste 2 minute.
2. Adăugați somonul și alte ingrediente, gătiți timp de 5 minute pe fiecare parte, împărțiți în farfurii și serviți.

Nutriție: calorii 290, grăsimi 14,4, fibre 5,6, carbohidrați 15,6, proteine 9,5

Salata de pastrav si legume

Timp de preparare: 5 minute.
Timp de preparare: 0 minute.
Porții: 4

Ingrediente:
- 2 linguri de ulei de măsline
- ½ cană măsline kalamata, fără sâmburi și tocate
- piper negru după gust
- 1 kilogram de păstrăv afumat dezosat, fără piele, cuburi
- ½ lingurita coaja de lamaie
- 1 lingura suc de lamaie
- 1 cană de roșii cherry, tăiate în jumătate
- ½ ceapă roșie, feliată
- 2 cesti pui de rucola

Adrese:
1. Intr-un castron amestecam pastravul afumat cu maslinele, piperul negru si celelalte ingrediente, amestecam si servim.

Nutriție: Calorii 282, grăsimi 13,4, fibre 5,3, carbohidrați 11,6, proteine 5,6

somon șofran

Timp de preparare: 10 minute.
Timp de gătire: 12 minute.
Porții: 4

Ingrediente:
- piper negru după gust
- ½ lingurita boia dulce
- 4 fileuri de somon dezosate
- 3 linguri de ulei de măsline
- 1 ceapa galbena tocata
- 2 catei de usturoi tocati
- ¼ de linguriță pudră de turmeric

Adrese:
1. Se încălzește o tigaie cu ulei de măsline la foc mediu-mare, se adaugă ceapa și usturoiul, se amestecă și se prăjesc timp de 2 minute.
2. Adăugați somonul și alte ingrediente, gătiți timp de 5 minute pe fiecare parte, împărțiți în farfurii și serviți.

Nutriție: Calorii 339, grăsimi 21,6, fibre 0,7, carbohidrați 3,2, proteine 35

Salată de creveți și pepene verde

Timp de preparare: 10 minute.
Timp de preparare: 0 minute.
Porții: 4

Ingrediente:
- ¼ cană busuioc, tocat
- 2 căni de pepene verde, decojit și tăiat cubulețe
- 2 linguri de otet balsamic
- 2 linguri de ulei de măsline
- 1 kilogram de creveți, decojiți, curățați și fierți
- piper negru după gust
- 1 lingura de patrunjel tocat

Adrese:
1. Într-un castron, amestecați creveții cu pepenele verde și celelalte ingrediente, amestecați și serviți.

Nutriție: calorii 220, grăsimi 9, fibre 0,4, carbohidrați 7,6, proteine 26,4

Salată de creveți și quinoa cu oregano

Timp de preparare: 5 minute.
Timp de preparare: 8 minute.
Porții: 4

Ingrediente:
- 1 kilogram de creveți, curățați și curățați
- 1 cană quinoa fiartă
- piper negru după gust
- 1 lingura de ulei de masline
- 1 lingură de oregano tocat
- 1 ceapa rosie tocata
- 1 suc de lamaie

Adrese:
1. Se încălzește o tigaie cu ulei de măsline la foc mediu-mare, se adaugă ceapa, se amestecă și se prăjește timp de 2 minute.
2. Adăugați creveții, amestecați și gătiți timp de 5 minute.
3. Adăugați restul ingredientelor, amestecați, împărțiți totul în boluri și serviți.

Nutriție: Calorii 336, grăsimi 8,2, fibre 4,1, carbohidrați 32,3, proteine 32,3

salata de crabi

Timp de preparare: 10 minute.
Timp de preparare: 0 minute.
Porții: 4

Ingrediente:
- 1 lingura de ulei de masline
- 2 căni de carne de crab
- piper negru după gust
- 1 cană de roșii cherry, tăiate în jumătate
- 1 eșalotă tocată mărunt
- 1 lingura suc de lamaie
- 1/3 cana coriandru tocat

Adrese:
1. Într-un castron, amestecați crabul cu roșiile și celelalte ingrediente, amestecați și serviți.

Nutriție: Calorii 54, grăsimi 3,9, fibre 0,6, carbohidrați 2,6, proteine 2,3

scoici balsamic

Timp de preparare: 4 minute.
Timp de preparare: 6 minute.
Porții: 4

Ingrediente:
- 12 uncii de scoici
- 2 linguri de ulei de măsline
- 2 catei de usturoi tocati
- 1 lingura de otet balsamic
- 1 cană de arpagic, feliat
- 2 linguri coriandru tocat

Adrese:
1. Se incinge o tigaie cu ulei de masline la foc mediu, se adauga arpagicul si usturoiul si se prajesc 2 minute.
2. Adăugați scoicile și ingredientele rămase, gătiți timp de 2 minute pe fiecare parte, împărțiți în farfurii și serviți.

Nutriție: Calorii 146, grăsimi 7,7, fibre 0,7, carbohidrați 4,4, proteine 14,8

Mix cremos de talpă

Timp de preparare: 10 minute.
Timp de preparare: 20 de minute.
Porții: 4

Ingrediente:
- 2 linguri de ulei de măsline
- 1 ceapa rosie tocata
- piper negru după gust
- ½ cană bulion de legume cu conținut scăzut de sodiu
- 4 file de limbă, dezosate
- ½ cană cremă de cocos
- 1 lingura de marar tocat

Adrese:
1. Se incinge o tigaie cu ulei la foc mediu, se adauga ceapa, se amesteca si se caleste 5 minute.
2. Adăugați peștele și gătiți timp de 4 minute pe fiecare parte.
3. Adaugati restul ingredientelor, gatiti inca 7 minute, impartiti in farfurii si serviti.

Nutriție: Calorii 232, grăsimi 12,3, fibre 4, carbohidrați 8,7, proteine 12

Amestecul picant de somon și mango

Timp de preparare: 5 minute.
Timp de preparare: 0 minute.
Porții: 4

Ingrediente:
- 1 kilogram de somon afumat dezosat, fără piele, fulgi
- piper negru după gust
- 1 ceapa rosie tocata
- 1 mango, decojit, fără sămânță și tocat
- 2 ardei jalapeno, tocat
- ¼ cană pătrunjel tocat
- 3 linguri de suc de lamaie
- 1 lingura de ulei de masline

Adrese:
2. Într-un bol, amestecați somonul cu piperul negru și celelalte ingrediente, amestecați și serviți.

Nutriție: Calorii 323, grăsimi 14,2, fibre 4, carbohidrați 8,5, proteine 20,4

Amestecul de mărar de creveți

Timp de preparare: 5 minute.
Timp de preparare: 0 minute.
Porții: 4

Ingrediente:
- 2 lingurite de suc de lamaie
- 1 lingura de ulei de masline
- 1 lingura de marar tocat
- 1 kilogram de creveți, fierți, curățați și curățați
- piper negru după gust
- 1 cană ridichi, tăiate cubulețe

Adrese:
1. Într-un bol, amestecați creveții cu sucul de lămâie și celelalte ingrediente, amestecați și serviți.

Nutriție: calorii 292, grăsimi 13, fibre 4,4, carbohidrați 8, proteine 16,4

Pate de somon

Timp de preparare: 4 minute.
Timp de preparare: 0 minute.
Porții: 6

Ingrediente:
- 6 uncii de somon afumat, dezosat, fără piele și mărunțit
- 2 linguri de iaurt cu conținut scăzut de grăsimi
- 3 lingurite de suc de lamaie
- 2 arpagic tocat
- 8 uncii cremă de brânză cu conținut scăzut de grăsimi
- ¼ cană coriandru tocat

Adrese:
1. Intr-un bol amestecam somonul cu iaurtul si celelalte ingrediente, amestecam si servim rece.

Nutriție: Calorii 272, grăsimi 15,2, fibre 4,3, carbohidrați 16,8, proteine 9,9

creveți cu anghinare

Timp de preparare: 4 minute.
Timp de preparare: 8 minute.
Porții: 4

Ingrediente:
- 2 cepe verde tocate
- 1 cană de anghinare nesărate din conserve, scurse și tăiate în sferturi
- 2 linguri coriandru tocat
- 1 kilogram de creveți, curățați și curățați
- 1 cană de roșii cherry, tăiate cubulețe
- 1 lingura de ulei de masline
- 1 lingura de otet balsamic
- Un praf de sare si piper negru.

Adrese:
1. Se incinge o tigaie cu ulei la foc mediu, se adauga ceapa si anghinarea, se amesteca si se fierbe 2 minute.
2. Adăugați creveții, amestecați și gătiți la foc mediu timp de 6 minute.
3. Împărțiți totul în boluri și serviți.

Nutriție: calorii 260, grăsimi 8,23, fibre 3,8, carbohidrați 14,3, proteine 12,4

Creveți cu sos de lămâie

Timp de preparare: 5 minute.
Timp de preparare: 8 minute.
Porții: 4

Ingrediente:
- 1 kilogram de creveți, curățați și curățați
- 2 linguri de ulei de măsline
- Coaja de 1 lămâie rasă
- suc de ½ lămâie
- 1 lingura arpagic tocat

Adrese:
1. Încingeți o tigaie cu ulei de măsline la foc mediu-mare, adăugați coaja de lămâie, sucul de lămâie și coriandru, amestecați și gătiți timp de 2 minute.
2. Adaugati crevetii, gatiti inca 6 minute, impartiti in farfurii si serviti.

Nutriție: Calorii 195, grăsimi 8,9, fibre 0, carbohidrați 1,8, proteine 25,9

Mix de ton și portocale

Timp de preparare: 5 minute.
Timp de gătire: 12 minute.
Porții: 4

Ingrediente:
- 4 fripturi de ton dezosate
- piper negru după gust
- 2 linguri de ulei de măsline
- 2 salote tocate
- 3 linguri de suc de portocale
- 1 portocală, decojită și tăiată felii
- 1 lingură de oregano tocat

Adrese:
1. Se încălzește o tigaie cu ulei la foc mediu-mare, se adaugă șalota, se amestecă și se prăjește timp de 2 minute.
2. Adăugați tonul și alte ingrediente, gătiți încă 10 minute, împărțiți în farfurii și serviți.

Nutriție: Calorii 457, grăsimi 38,2, fibre 1,6, carbohidrați 8,2, proteine 21,8

curry de somon

Timp de preparare: 10 minute.
Timp de preparare: 20 de minute.
Porții: 4

Ingrediente:
- 1 kg file de somon, dezosat și tăiat cubulețe
- 3 linguri pasta de curry rosu
- 1 ceapa rosie tocata
- 1 lingurita boia dulce
- 1 cana crema de cocos
- 1 lingura de ulei de masline
- piper negru după gust
- ½ cană supă de pui cu conținut scăzut de sodiu
- 3 linguri busuioc tocat

Adrese:
1. Se incinge o tigaie cu ulei la foc mediu-mare, se adauga ceapa, boia de ardei si pasta de curry, se amesteca si se fierbe 5 minute.
2. Adăugați somonul și alte ingrediente, amestecați ușor, gătiți la foc mediu timp de 15 minute, împărțiți în boluri și serviți.

Nutriție: calorii 377, grăsimi 28,3, fibre 2,1, carbohidrați 8,5, proteine 23,9

Amestecul de somon şi morcovi

Timp de preparare: 10 minute.
Timp de preparare: 15 minute.
Porţii: 4

Ingrediente:
- 4 fileuri de somon dezosate
- 1 ceapa rosie tocata
- 2 morcovi feliaţi
- 2 linguri de ulei de măsline
- 2 linguri de otet balsamic
- piper negru după gust
- 2 linguri de arpagic tocat
- ¼ cană bulion de legume cu conţinut scăzut de sodiu

Adrese:
1. Se incinge o tigaie cu ulei la foc mediu, se adauga ceapa si morcovii, se amesteca si se calesc 5 minute.
2. Adăugaţi somonul şi alte ingrediente, gătiţi încă 10 minute, împărţiţi în farfurii şi serviţi.

Nutriţie: Calorii 322, grăsimi 18, fibre 1,4, carbohidraţi 6, proteine 35,2

Mix de creveți și nuci de pin

Timp de preparare: 10 minute.
Timp de preparare: 10 minute.
Porții: 4

Ingrediente:
- 1 kilogram de creveți, curățați și curățați
- 2 linguri de nuci de pin
- 1 lingura suc de lamaie
- 2 linguri de ulei de măsline
- 3 catei de usturoi tocati
- piper negru după gust
- 1 lingura de cimbru tocat
- 2 linguri de arpagic tocat

Adrese:
1. Se încălzește o tigaie cu ulei la foc mediu-mare, se adaugă usturoiul, cimbrul, nucile de pin și sucul de lămâie, se amestecă și se fierbe timp de 3 minute.
2. Adăugați creveții, piperul negru și arpagicul, amestecați, gătiți încă 7 minute, împărțiți în farfurii și serviți.

Nutriție: Calorii 290, grăsimi 13, fibre 4,5, carbohidrați 13,9, proteine 10

Cod și fasole verde

Timp de preparare: 10 minute.
Timp de preparare: 14 minute.
Porții: 4

Ingrediente:
- 4 file de cod dezosat
- ½ kilogram de fasole verde, tăiată și tăiată la jumătate
- 1 lingura suc de lamaie
- 1 lingura coaja de lamaie
- 1 ceapa galbena tocata
- 2 linguri de ulei de măsline
- 1 lingurita de chimion, macinat
- 1 lingurita pudra de chili
- ½ cană bulion de legume cu conținut scăzut de sodiu
- Un praf de sare si piper negru.

Adrese:
1. Se încălzește o tigaie cu ulei la foc mediu-mare, se adaugă ceapa, se amestecă și se fierbe timp de 2 minute.
2. Adăugați peștele și gătiți timp de 3 minute pe fiecare parte.
3. Se adauga fasolea verde si restul ingredientelor, se amesteca usor, se mai fierbe inca 7 minute, se imparte in farfurii si se serveste.

Nutriție: calorii 220, grăsimi 13, carbohidrați 14,3, fibre 2,3, proteine 12

scoici de usturoi

Timp de preparare: 5 minute.
Timp de preparare: 8 minute.
Porții: 4

Ingrediente:
- 12 scoici
- 1 ceapa rosie feliata
- 2 linguri de ulei de măsline
- ½ lingurita de usturoi tocat
- 2 linguri de suc de lamaie
- piper negru după gust
- 1 lingurita otet balsamic

Adrese:
1. Se incinge o tigaie cu ulei de masline la foc mediu, se adauga ceapa si usturoiul si se calesc 2 minute.
2. Adăugați scoici și alte ingrediente, gătiți la foc mediu încă 6 minute, împărțiți în farfurii și serviți fierbinți.

Nutriție: Calorii 259, grăsimi 8, fibre 3, carbohidrați 5,7, proteine 7

Mix cremos de biban de mare

Timp de preparare: 10 minute.
Timp de preparare: 14 minute.
Porții: 4

Ingrediente:
- 4 fileuri de biban de mare dezosate
- 1 cana crema de cocos
- 1 ceapa galbena tocata
- 1 lingura suc de lamaie
- 2 linguri de ulei de avocado
- 1 lingura de patrunjel tocat
- Un praf de piper negru

Adrese:
1. Se incinge o tigaie cu ulei la foc mediu, se adauga ceapa, se amesteca si se caleste 2 minute.
2. Adăugați peștele și gătiți timp de 4 minute pe fiecare parte.
3. Adaugati restul ingredientelor, gatiti inca 4 minute, impartiti in farfurii si serviti.

Nutriție: Calorii 283, grăsimi 12,3, fibre 5, carbohidrați 12,5, proteine 8

Mix de biban și ciuperci

Timp de preparare: 10 minute.
Timp de preparare: 13 minute.
Porții: 4

Ingrediente:
- 4 fileuri de biban de mare dezosate
- 2 linguri de ulei de măsline
- piper negru după gust
- ½ cană ciuperci albe, feliate
- 1 ceapa rosie tocata
- 2 linguri de otet balsamic
- 3 linguri coriandru tocat

Adrese:
1. Se încălzește o tigaie cu ulei de măsline la foc mediu-mare, se adaugă ceapa și ciupercile, se amestecă și se fierbe timp de 5 minute.
2. Adăugați peștele și alte ingrediente, gătiți 4 minute pe fiecare parte, împărțiți totul în farfurii și serviți.

Nutriție: calorii 280, grăsimi 12,3, fibre 8, carbohidrați 13,6, proteine 14,3

supa de somon

Timp de preparare: 5 minute.
Timp de preparare: 20 de minute.
Porții: 4

Ingrediente:
- 1 kilogram de file de somon dezosat, fără piele, tăiat cubulețe
- 1 cana ceapa galbena tocata
- 2 linguri de ulei de măsline
- piper negru după gust
- 2 căni de bulion de legume cu conținut scăzut de sodiu
- 1 cană și jumătate de roșii mărunțite
- 1 lingura de busuioc tocat

Adrese:
1. Se incinge o tigaie cu ulei la foc mediu, se adauga ceapa, se amesteca si se caleste 5 minute.
2. Adăugați somonul și alte ingrediente, aduceți la fiert și fierbeți la foc mediu timp de 15 minute.
3. Împărțiți supa în boluri și serviți.

Nutriție: Calorii 250, grăsimi 12,2, fibre 5, carbohidrați 8,5, proteine 7

Creveți Nucșoară

Timp de preparare: 3 minute.
Timp de preparare: 6 minute.
Porții: 4

Ingrediente:
- 1 kilogram de creveți, curățați și curățați
- 2 linguri de ulei de măsline
- 1 lingura suc de lamaie
- 1 lingura nucsoara macinata
- piper negru după gust
- 1 lingura de coriandru tocat

Adrese:
1. Se încălzește o tigaie cu ulei la foc mediu, se adaugă creveții, sucul de lămâie și alte ingrediente, se amestecă, se fierbe timp de 6 minute, se împarte în boluri și se servesc.

Nutriție: Calorii 205, grăsimi 9,6, fibre 0,4, carbohidrați 2,7, proteine 26

Mix de creveți și fructe de pădure

Timp de preparare: 4 minute.
Timp de preparare: 6 minute.
Porții: 4

Ingrediente:
- 1 kilogram de creveți, curățați și curățați
- ½ cană de roșii, tăiate cubulețe
- 2 linguri de ulei de măsline
- 1 lingura de otet balsamic
- ½ ceasca de capsuni tocate
- piper negru după gust

Adrese:
1. Se incinge o tigaie cu ulei la foc mediu, se adauga crevetii, se amesteca si se fierbe 3 minute.
2. Adăugați restul ingredientelor, amestecați, gătiți încă 3-4 minute, împărțiți în boluri și serviți.

Nutriție: calorii 205, grăsimi 9, fibre 0,6, carbohidrați 4, proteine 26,2

păstrăv lamaie copt

Timp de preparare: 10 minute.
Timp de preparare: 30 minute.
Porții: 4

Ingrediente:
- 4 păstrăvi
- 1 lingura coaja de lamaie
- 2 linguri de ulei de măsline
- 2 linguri de suc de lamaie
- Un praf de piper negru
- 2 linguri coriandru tocat

Adrese:
1. Într-o tavă de copt, amestecați peștele cu coaja de lămâie și celelalte ingrediente și frecați.
2. Coaceți la 370 de grade F timp de 30 de minute, împărțiți în farfurii și serviți.

Nutriție: Calorii 264, grăsimi 12,3, fibre 5, carbohidrați 7, proteine 11

scoici de arpagic

Timp de preparare: 3 minute.
Timp de preparare: 4 minute.
Porții: 4

Ingrediente:
- 12 scoici
- 2 linguri de ulei de măsline
- piper negru după gust
- 2 linguri de arpagic tocat
- 1 lingura boia dulce

Adrese:
1. Încinge o tigaie cu ulei la foc mediu, adaugă scoici, boia de ardei și alte ingrediente și gătește 2 minute pe fiecare parte.
2. Împărțiți în farfurii și serviți cu o salată.

Nutriție: Calorii 215, grăsimi 6, fibre 5, carbohidrați 4,5, proteine 11

Chiftele de ton

Timp de preparare: 10 minute.
Timp de preparare: 30 minute.
Porții: 4

Ingrediente:
- 2 linguri de ulei de măsline
- 1 kilogram de ton, fără piele, dezosat și tocat
- 1 ceapa galbena tocata
- ¼ cană de arpagic tocat
- 1 ou bătut
- 1 lingură de făină de cocos
- Un praf de sare si piper negru.

Adrese:
1. Intr-un castron amestecam tonul cu ceapa si celelalte ingrediente, cu exceptia uleiului, amestecam bine si formam chiftele de marime medie cu acest amestec.
2. Aranjați chiftelele pe o foaie de copt, ungeți-le cu ulei, puneți la cuptor la 350 de grade F, gătiți timp de 30 de minute, împărțiți-le în farfurii și serviți.

Nutriție: calorii 291, grăsimi 14,3, fibre 5, carbohidrați 12,4, proteine 11

tigaie cu somon

Timp de preparare: 10 minute.
Timp de gătire: 12 minute.
Porții: 4

Ingrediente:
- 4 fileuri de somon dezosate si tocate
- 2 linguri de ulei de măsline
- 1 ardei rosu taiat fasii
- 1 dovlecel, tocat grosier
- 1 vinete, taiata cubulete
- 1 lingura suc de lamaie
- 1 lingura de marar tocat
- ¼ cană bulion de legume cu conținut scăzut de sodiu
- 1 lingurita praf de usturoi
- Un praf de piper negru

Adrese:
1. Se încălzește o tigaie cu ulei de măsline la foc mediu-mare, se adaugă ardeiul gras, dovlecelul și vinetele, se amestecă și se prăjesc timp de 3 minute.
2. Adăugați somonul și alte ingrediente, amestecați ușor, gătiți încă 9 minute, împărțiți în farfurii și serviți.

Nutriție: calorii 348, grăsimi 18,4, fibre 5,3, carbohidrați 11,9, proteine 36,9

Cod amestecat cu muștar

Timp de preparare: 10 minute.
Timp de preparare: 25 minute.
Porții: 4

Ingrediente:
- 4 file de cod, fără piele și dezosat
- Un praf de piper negru
- 1 lingurita de ghimbir ras
- 1 lingura de mustar
- 2 linguri de ulei de măsline
- 1 lingurita de cimbru uscat
- ¼ linguriță de chimen măcinat
- 1 lingurita pudra de turmeric
- ¼ cană coriandru tocat
- 1 cană bulion de legume cu conținut scăzut de sodiu
- 3 catei de usturoi tocati

Adrese:
1. Într-o tavă de copt, amestecați codul cu piper negru, ghimbir și ingredientele rămase, amestecați ușor și coaceți la 380 de grade F timp de 25 de minute.
2. Împărțiți amestecul în farfurii și serviți.

Nutriție: Calorii 176, grăsimi 9, fibre 1, carbohidrați 3,7, proteine 21,2

Mix de creveți și sparanghel

Timp de preparare: 10 minute.
Timp de preparare: 14 minute.
Porții: 4

Ingrediente:
- 1 buchet de sparanghel, taiat in jumatate
- 1 kilogram de creveți, curățați și curățați
- piper negru după gust
- 2 linguri de ulei de măsline
- 1 ceapa rosie tocata
- 2 catei de usturoi tocati
- 1 cana crema de cocos

Adrese:
1. Se incinge o tigaie cu ulei de masline la foc mediu, se adauga ceapa, usturoiul si sparanghelul, se amesteca si se fierbe 4 minute.
2. Adăugați creveții și alte ingrediente, amestecați, gătiți la foc mediu timp de 10 minute, împărțiți totul în boluri și serviți.

Nutriție: Calorii 225, grăsimi 6, fibre 3,4, carbohidrați 8,6, proteine 8

cod și mazăre

Timp de preparare: 10 minute.
Timp de preparare: 20 de minute.
Porții: 4

Ingrediente:
- 1 ceapa galbena tocata
- 2 linguri de ulei de măsline
- ½ cană supă de pui cu conținut scăzut de sodiu
- 4 fileuri de cod, dezosate, fără piele
- piper negru după gust
- 1 cană de mazăre

Adrese:
1. Se incinge o tigaie cu ulei la foc mediu, se adauga ceapa, se amesteca si se caleste 4 minute.
2. Adăugați peștele și gătiți timp de 3 minute pe fiecare parte.
3. Adaugati mazarea si alte ingrediente, gatiti inca 10 minute, impartiti in farfurii si serviti.

Nutriție: Calorii 240, grăsimi 8,4, fibre 2,7, carbohidrați 7,6, proteine 14

Boluri cu creveți și midii

Timp de preparare: 5 minute.
Timp de gătire: 12 minute.
Porții: 4

Ingrediente:
- 1 kg de midii, spălate
- ½ cană supă de pui cu conținut scăzut de sodiu
- 1 kilogram de creveți, curățați și curățați
- 2 salote tocate
- 1 cană de roșii cherry, tăiate cubulețe
- 2 catei de usturoi tocati
- 1 lingura de ulei de masline
- 1 suc de lamaie

Adrese:
1. Se incinge o tigaie cu ulei de masline la foc mediu, se adauga ceapa si usturoiul si se calesc 2 minute.
2. Adăugați creveții, midiile și alte ingrediente, gătiți totul la foc mediu timp de 10 minute, împărțiți în boluri și serviți.

Nutriție: Calorii 240, grăsimi 4,9, fibre 2,4, carbohidrați 11,6, proteine 8

crema de menta

Timp de configurare: 2 ore si 4 minute

Timp de preparare: 0 minute.
Porții: 4

Ingrediente:
- 4 căni de iaurt cu conținut scăzut de grăsimi
- 1 cana crema de cocos
- 3 linguri de stevia
- 2 lingurite coaja de lamaie
- 1 lingură mentă tocată

Adrese:
1. Intr-un blender se amesteca smantana cu iaurtul si restul ingredientelor, se amesteca bine, se imparte in pahare si se da la frigider 2 ore inainte de servire.

Nutriție: calorii 512, grăsimi 14,3, fibre 1,5, carbohidrați 83,6, proteine 12,1

budincă de zmeură

Timp de preparare: 10 minute.
Timp de gătire: 24 minute.
Porții: 4

Ingrediente:
- 1 cană de zmeură
- 2 lingurite zahar de cocos
- 3 oua batute
- 1 lingura de ulei de avocado
- ½ cană lapte de migdale
- ½ cană făină de cocos
- ¼ cană iaurt cu conținut scăzut de grăsimi

Adrese:
1. Într-un castron, combinați zmeura cu zahărul și toate celelalte ingrediente, cu excepția spray-ului de gătit și amestecați bine.
2. Ungeți un vas de budincă cu spray de gătit, adăugați amestecul de zmeură, întindeți, coaceți la cuptor la 400 de grade F timp de 24 de minute, împărțiți în farfurii de desert și serviți.

Nutriție: calorii 215, grăsimi 11,3, fibre 3,4, carbohidrați 21,3, proteine 6,7

batoane de migdale

Timp de preparare: 10 minute.
Timp de preparare: 30 minute.
Porții: 4

Ingrediente:
- 1 cană migdale zdrobite
- 2 oua batute
- ½ cană lapte de migdale
- 1 lingurita extract de vanilie
- 2/3 cană zahăr de cocos
- 2 căni de făină integrală
- 1 lingurita drojdie pudra
- spray de gatit

Adrese:
1. Într-un castron, combinați migdalele cu ouăle și toate celelalte ingrediente, cu excepția spray-ului de gătit și amestecați bine.
2. Se toarnă într-o formă pătrată unsă cu spray de gătit, se întinde bine, se coace 30 de minute, se lasă să se răcească, se taie în batoane și se servește.

Nutriție: calorii 463, grăsimi 22,5, fibre 11, carbohidrați 54,4, proteine 16,9

Mix de piersici prăjite

Timp de preparare: 10 minute.
Timp de preparare: 30 minute.
Porții: 4

Ingrediente:
- 4 piersici, fără sâmburi și tăiate la jumătate
- 1 lingură de zahăr de cocos
- 1 lingurita extract de vanilie
- ¼ linguriță de scorțișoară pudră
- 1 lingura de ulei de avocado

Adrese:
1. Într-o tavă de copt, aruncați piersici cu zahăr și alte ingrediente, coaceți la 375 de grade F timp de 30 de minute, răciți și serviți.

Nutriție: calorii 91, grăsimi 0,8, fibre 2,5, carbohidrați 19,2, proteine 1,7

plăcintă pecan

Timp de preparare: 10 minute.
Timp de preparare: 25 minute.
Porții: 8

Ingrediente:
- 3 căni de făină de migdale
- 1 cană zahăr de cocos
- 1 lingura de extract de vanilie
- ½ ceasca de nuci tocate
- 2 lingurite de bicarbonat de sodiu
- 2 căni de lapte de cocos
- ½ cană ulei de cocos topit

Adrese:
1. Într-un bol, amestecați făina de migdale cu zahărul și restul ingredientelor, bateți bine, turnați într-o formă de tort, întindeți, dați la cuptor la 370 de grade F, coaceți 25 de minute.
2. Lasam prajitura sa se raceasca, taiem felii si servim.

Nutriție: Calorii 445, grăsimi 10, fibre 6,5, carbohidrați 31,4, proteine 23,5

prăjitură cu mere

Timp de preparare: 10 minute.
Timp de preparare: 30 minute.
Porții: 4

Ingrediente:
- 2 căni de făină de migdale
- 1 lingurita de bicarbonat de sodiu
- 1 lingurita drojdie pudra
- ½ linguriță de scorțișoară pudră
- 2 linguri de zahar de cocos
- 1 cană lapte de migdale
- 2 mere verzi, fără miez, decojite și tăiate cubulețe
- spray de gatit

Adrese:
1. Într-un castron, combinați făina, bicarbonatul de sodiu, merele și toate celelalte ingrediente, cu excepția spray-ului de gătit și amestecați bine.
2. Se toarnă într-o tavă de tort unsă cu spray de gătit, se întinde bine, se da la cuptor și se coace la 360 de grade F timp de 30 de minute.
3. Se răcește tortul, se taie felii și se servește.

Nutriție: calorii 332, grăsimi 22,4, fibre 91,6, carbohidrați 22,2, proteine 12,3

crema de scortisoara

Timp de preparare: 2 ore.
Timp de preparare: 10 minute.
Porții: 4

Ingrediente:
- 1 cană lapte de migdale degresat
- 1 cana crema de cocos
- 2 căni de zahăr de cocos
- 2 linguri de scorțișoară pudră
- 1 lingurita extract de vanilie

Adrese:
1. Se incinge o tigaie cu laptele de migdale la foc mediu, se adauga restul ingredientelor, se bate si se fierbe inca 10 minute.
2. Împărțiți amestecul în boluri, răciți și dați la frigider cu 2 ore înainte de servire.

Nutriție: calorii 254, grăsimi 7,5, fibre 5, carbohidrați 16,4, proteine 9,5

amestec cremos de căpșuni

Timp de preparare: 10 minute.
Timp de preparare: 0 minute.
Porții: 4

Ingrediente:
- 1 lingurita extract de vanilie
- 2 cesti de capsuni tocate
- 1 lingurita zahar de cocos
- 8 uncii de iaurt cu conținut scăzut de grăsimi

Adrese:
1. Intr-un bol amestecam capsunile cu vanilia si celelalte ingrediente, amestecam si servim rece.

Nutriție: calorii 343, grăsimi 13,4, fibre 6, carbohidrați 15,43, proteine 5,5

Brownies cu vanilie și nucă

Timp de preparare: 10 minute.
Timp de preparare: 25 minute.
Porții: 8

Ingrediente:
- 1 cana nuci tocate
- 3 linguri de zahar de cocos
- 2 linguri de cacao pudră
- 3 oua batute
- ¼ cană ulei de cocos, topit
- ½ lingurita de praf de copt
- 2 lingurite de extract de vanilie
- spray de gatit

Adrese:
1. În robotul dvs. de bucătărie, combinați nucile cu zahărul de cocos și toate celelalte ingrediente, cu excepția spray-ului de gătit și pulsați bine.
2. Ungeți o tigaie pătrată cu spray de gătit, adăugați amestecul de brownie, întindeți, puneți la cuptor, coaceți la 350 de grade F timp de 25 de minute, răciți, feliați și serviți.

Nutriție: Calorii 370, grăsimi 14,3, fibre 3, carbohidrați 14,4, proteine 5,6

tort de capsuni

Timp de preparare: 10 minute.
Timp de preparare: 25 minute.
Porții: 6

Ingrediente:
- 2 căni de făină integrală
- 1 cana capsuni tocate
- ½ linguriță de bicarbonat de sodiu
- ½ cană zahăr de cocos
- ¾ cană lapte de cocos
- ¼ cană ulei de cocos, topit
- 2 oua batute
- 1 lingurita extract de vanilie
- spray de gatit

Adrese:
1. Într-un castron, amestecați făina cu căpșunile și celelalte ingrediente, cu excepția spray-ului de coca-cola și bateți bine.
2. Ungeți o tavă de tort cu spray de gătit, turnați amestecul de tort, rulați, coaceți la cuptor la 350 de grade F timp de 25 de minute, răciți, feliați și serviți.

Nutriție: calorii 465, grăsimi 22,1, fibre 4, carbohidrați 18,3, proteine 13,4

budinca de cacao

Timp de preparare: 10 minute.
Timp de preparare: 10 minute.
Porții: 4

Ingrediente:
- 2 linguri de zahar de cocos
- 3 linguri de faina de cocos
- 2 linguri de cacao pudră
- 2 cani de lapte de migdale
- 2 oua batute
- ½ linguriță extract de vanilie

Adrese:
1. Se pune laptele într-o cratiță, se adaugă cacao și alte ingrediente, se amestecă, se fierbe la foc mediu timp de 10 minute, se toarnă în căni mici și se servește rece.

Nutriție: calorii 385, grăsimi 31,7, fibre 5,7, carbohidrați 21,6, proteine 7,3

Crema de nucsoara si vanilie

Timp de preparare: 10 minute.
Timp de preparare: 0 minute.
Porții: 6

Ingrediente:
- 3 cani de lapte degresat
- 1 lingurita nucsoara macinata
- 2 lingurite de extract de vanilie
- 4 lingurite de zahar de cocos
- 1 cana nuci tocate

Adrese:
1. Intr-un bol amestecam laptele cu nucsoara si celelalte ingrediente, amestecam bine, impartim in cani mici si servim rece.

Nutriție: calorii 243, grăsimi 12,4, fibre 1,5, carbohidrați 21,1, proteine 9,7

crema de avocado

Timp de configurare: 1 oră și 10 minute

Timp de preparare: 0 minute.
Porții: 4

Ingrediente:
- 2 cesti crema de cocos
- 2 avocado, decojite, fără sâmburi și piure
- 2 linguri de zahar de cocos
- 1 lingurita extract de vanilie

Adrese:
1. Într-un blender, combinați smântâna cu avocado și restul ingredientelor, pulsați bine, împărțiți în căni și dați la frigider 1 oră înainte de servire.

Nutriție: Calorii 532, grăsimi 48,2, fibre 9,4, carbohidrați 24,9, proteine 5,2

crema de zmeura

Timp de preparare: 10 minute.
Timp de preparare: 25 minute.
Porții: 4

Ingrediente:
- 2 linguri de faina de migdale
- 1 cana crema de cocos
- 3 căni de zmeură
- 1 cană zahăr de cocos
- 8 uncii cremă de brânză cu conținut scăzut de grăsimi

Adrese:
1. Într-un castron, făina cu smântâna și celelalte ingrediente, bateți, transferați într-o tigaie rotundă, gătiți la 360 de grade F timp de 25 de minute, împărțiți în boluri și serviți.

Nutriție: calorii 429, grăsimi 36,3, fibre 7,7, carbohidrați 21,3, proteine 7,8

salata de pepene verde

Timp de preparare: 4 minute.
Timp de preparare: 0 minute.
Porții: 4

Ingrediente:
- 1 cană de pepene verde, decojit și tăiat cubulețe
- 2 mere, fără sâmburi și tăiate cubulețe
- 1 lingura crema de cocos
- 2 banane, tăiate bucăți

Adrese:
1. Într-un bol, amestecați pepenele verde cu merele și celelalte ingrediente, amestecați și serviți.

Nutriție: Calorii 131, grăsimi 1,3, fibre 4,5, carbohidrați 31,9, proteine 1,3

Mix de pere de nucă de cocos

Timp de preparare: 10 minute.
Timp de preparare: 10 minute.
Porții: 4

Ingrediente:
- 2 lingurite de suc de lamaie
- ½ cană cremă de cocos
- ½ cană nucă de cocos rasă
- 4 pere, fără sâmburi și tăiate cubulețe
- 4 linguri de zahar de cocos

Adrese:
1. Într-o tigaie, amestecați perele cu sucul de lămâie și celelalte ingrediente, amestecați, puneți la foc mediu și gătiți timp de 10 minute.
2. Împărțiți în boluri și serviți rece.

Nutriție: Calorii 320, grăsimi 7,8, fibre 3, carbohidrați 6,4, proteine 4,7

sos de mere

Timp de preparare: 10 minute.
Timp de preparare: 15 minute.
Porții: 4

Ingrediente:
- 5 linguri de zahar de cocos
- 2 căni de suc de portocale
- 4 mere, fără sâmburi și tăiate cubulețe

Adrese:
1. Într-o cratiță, combinați merele cu zahărul și sucul de portocale, amestecați, puneți la foc mediu, gătiți timp de 15 minute, împărțiți în boluri și serviți rece.

Nutriție: Calorii 220, grăsimi 5,2, fibre 3, carbohidrați 5,6, proteine 5,6

tocană de caise

Timp de preparare: 10 minute.
Timp de preparare: 15 minute.
Porții: 4

Ingrediente:
- 2 căni de caise, tăiate la jumătate
- 2 căni de apă
- 2 linguri de zahar de cocos
- 2 linguri de suc de lamaie

Adrese:
1. Într-o cratiță, amestecați caisele cu apa și celelalte ingrediente, amestecați, fierbeți la foc mediu timp de 15 minute, împărțiți în boluri și serviți.

Nutriție: Calorii 260, grăsimi 6,2, fibre 4,2, carbohidrați 5,6, proteine 6

Amestec de pepene și lămâie

Timp de preparare: 10 minute.
Timp de preparare: 10 minute.
Porții: 4

Ingrediente:
- 2 căni de pepene galben decojit și tocat
- 4 linguri de zahar de cocos
- 2 lingurite de extract de vanilie
- 2 lingurite de suc de lamaie

Adrese:
1. Într-o tigaie mică, amestecați pepenele galben cu zahărul și celelalte ingrediente, amestecați, încălziți la foc mediu, gătiți aproximativ 10 minute, împărțiți în boluri și serviți rece.

Nutriție: Calorii 140, grăsimi 4, fibre 3,4, carbohidrați 6,7, proteine 5

crema de rubarba

Timp de preparare: 10 minute.
Timp de preparare: 14 minute.
Porții: 4

Ingrediente:
- 1/3 cană cremă de brânză cu conținut scăzut de grăsimi
- ½ cană cremă de cocos
- 2 kilograme de rubarbă, tocată
- 3 linguri de zahar de cocos

Adrese:
1. Intr-un blender amestecam crema de branza cu smantana si celelalte ingrediente si presam bine.
2. Împărțiți în căni mici, puneți la cuptor și coaceți la 350 de grade F timp de 14 minute.
3. Se serveste rece.

Nutriție: Calorii 360, grăsimi 14,3, fibre 4,4, carbohidrați 5,8, proteine 5,2

boluri cu ananas

Timp de preparare: 10 minute.
Timp de preparare: 0 minute.
Porții: 4

Ingrediente:
- 3 căni de ananas decojit și tăiat cubulețe
- 1 lingurita de seminte de chia
- 1 cana crema de cocos
- 1 lingurita extract de vanilie
- 1 lingură mentă tocată

Adrese:
1. Într-un bol, amestecați ananasul cu smântâna și celelalte ingrediente, amestecați, împărțiți în boluri mai mici și dați la frigider pentru 10 minute înainte de servire.

Nutriție: calorii 238, grăsimi 16,6, fibre 5,6, carbohidrați 22,8, proteine 3,3

tocană de afine

Timp de preparare: 10 minute.
Timp de preparare: 10 minute.
Porții: 4

Ingrediente:
- 2 linguri de suc de lamaie
- 1 cană de apă
- 3 linguri de zahar de cocos
- 12 uncii de afine

Adrese:
1. Într-o tigaie, amestecați afinele cu zahărul și celelalte ingrediente, aduceți la fiert și fierbeți la foc mediu timp de 10 minute.
2. Împărțiți în boluri și serviți.

Nutriție: Calorii 122, grăsimi 0,4, fibre 2,1, carbohidrați 26,7, proteine 1,5

Budincă de lămâie

Timp de preparare: 10 minute.
Timp de preparare: 15 minute.
Porții: 4

Ingrediente:
- 2 cesti crema de cocos
- 1 suc de lamaie
- Coaja de 1 lămâie rasă
- 3 linguri ulei de cocos topit
- 1 ou bătut
- 1 lingurita drojdie pudra

Adrese:
1. Într-un bol, amestecați smântâna cu sucul de lămâie și celelalte ingrediente și bateți bine.
2. Împărțiți în rame mici, puneți la cuptor și coaceți la 360 de grade F timp de 15 minute.
3. Servește budinca rece.

Nutriție: Calorii 385, grăsimi 39,9, fibre 2,7, carbohidrați 8,2, proteine 4,2

crema de piersici

Timp de preparare: 10 minute.
Timp de preparare: 0 minute.
Porții: 4

Ingrediente:
- 3 cesti crema de cocos
- 2 piersici fără sâmburi și tocate
- 1 lingurita extract de vanilie
- ½ cană migdale mărunțite

Adrese:
1. Într-un blender, combinați smântâna și ingredientele rămase, amestecați bine, împărțiți în boluri mici și serviți rece.

Nutriție: calorii 261, grăsimi 13, fibre 5,6, carbohidrați 7, proteine 5,4

Amestec de scorțișoară și prune

Timp de preparare: 10 minute.
Timp de preparare: 15 minute.
Porții: 4

Ingrediente:
- 1 kg prune, fără sâmburi și tăiate la jumătate
- 2 linguri de zahar de cocos
- ½ linguriță de scorțișoară pudră
- 1 cană de apă

Adrese:
1. Într-o cratiță, amestecați prunele cu zahărul și celelalte ingrediente, aduceți la fiert și fierbeți la foc mediu timp de 15 minute.
2. Împărțiți în boluri și serviți rece.

Nutriție: Calorii 142, grăsimi 4, fibre 2,4, carbohidrați 14, proteine 7

Măr Chia și Vanilie

Timp de preparare: 10 minute.
Timp de preparare: 10 minute.
Porții: 4

Ingrediente:
- 2 căni de mere, fără sâmburi și tăiate felii
- 2 linguri de seminte de chia
- 1 lingurita extract de vanilie
- 2 cani de suc natural de mere neindulcit

Adrese:
1. Într-o cratiță mică, combinați merele cu semințele de chia și alte ingrediente, amestecați, gătiți la foc mediu timp de 10 minute, împărțiți în boluri și serviți rece.

Nutriție: Calorii 172, grăsimi 5,6, fibre 3,5, carbohidrați 10, proteine 4,4

Budincă de orez și pere

Timp de preparare: 10 minute.
Timp de preparare: 25 minute.
Porții: 4

Ingrediente:
- 6 căni de apă
- 1 cană zahăr de cocos
- 2 căni de orez negru
- 2 pere, fără sâmburi și tăiate cubulețe
- 2 lingurițe de scorțișoară pudră

Adrese:
1. Puneți apa într-o tigaie, încălziți la foc mediu-mare, adăugați orezul, zahărul și alte ingrediente, amestecați, aduceți la fierbere, reduceți focul la mediu și gătiți timp de 25 de minute.
2. Împărțiți în boluri și serviți rece.

Nutriție: calorii 290, grăsimi 13,4, fibre 4, carbohidrați 13,20, proteine 6,7

tocană de rubarbă

Timp de preparare: 10 minute.
Timp de preparare: 15 minute.
Porții: 4

Ingrediente:
- 2 căni de rubarbă, tocată
- 3 linguri de zahar de cocos
- 1 lingurita extract de migdale
- 2 căni de apă

Adrese:
1. Intr-o craticioara se amesteca rubarba cu celelalte ingrediente, se amesteca, se pune la foc mediu, se fierbe 15 minute, se imparte in boluri si se serveste rece.

Nutriție: Calorii 142, grăsimi 4,1, fibre 4,2, carbohidrați 7, proteine 4

crema de rubarba

Timp de preparare: 1 ora.
Timp de preparare: 10 minute.
Porții: 4

Ingrediente:
- 2 cesti crema de cocos
- 1 cană rubarbă tocată
- 3 oua batute
- 3 linguri de zahar de cocos
- 1 lingura suc de lamaie

Adrese:
1. Într-o cratiță mică, combinați smântâna cu rubarba și ingredientele rămase, bateți bine, gătiți la foc mediu 10 minute, faceți piure cu un blender de imersie, împărțiți în boluri și lăsați la frigider cu 1 oră înainte de servire.

Nutriție: Calorii 230, grăsimi 8,4, fibre 2,4, carbohidrați 7,8, proteine 6

salata de afine

Timp de preparare: 5 minute.
Timp de preparare: 0 minute.
Porții: 4

Ingrediente:
- 2 căni de afine
- 3 linguri menta tocata
- 1 para, fara samburi si taiata cubulete
- 1 măr, fără sâmburi și tăiat cubulețe
- 1 lingură de zahăr de cocos

Adrese:
1. Într-un bol, amestecați afinele cu menta și celelalte ingrediente, amestecați și serviți rece.

Nutriție: Calorii 150, grăsimi 2,4, fibre 4, carbohidrați 6,8, proteine 6

Curmale si crema de banane

Timp de preparare: 5 minute.
Timp de preparare: 0 minute.
Porții: 4

Ingrediente:
- 1 cană lapte de migdale
- 1 banană, curățată și tăiată felii
- 1 lingurita extract de vanilie
- ½ cană cremă de cocos
- curmale, mușcături

Adrese:
1. Într-un blender, combinați curmalele cu banana și alte ingrediente, pulsați bine, împărțiți în pahare mici și serviți rece.

Nutriție: Calorii 271, grăsimi 21,6, fibre 3,8, carbohidrați 21,2, proteine 2,7

briose cu prune

Timp de preparare: 10 minute.
Timp de preparare: 25 minute.
Porții: 12

Ingrediente:
- 3 linguri ulei de cocos topit
- ½ cană lapte de migdale
- 4 oua batute
- 1 lingurita extract de vanilie
- 1 cană făină de migdale
- 2 lingurițe de scorțișoară pudră
- ½ lingurita de praf de copt
- 1 cană de prune uscate fără sâmburi și mărunțite

Adrese:
1. Într-un castron amestecați uleiul de cocos cu laptele de migdale și celelalte ingrediente și bateți bine.
2. Împărțiți într-o tavă de brioșe, puneți la cuptorul la 350 de grade F și coaceți timp de 25 de minute.
3. Serviți brioșele reci.

Nutriție: Calorii 270, grăsimi 3,4, fibre 4,4, carbohidrați 12, proteine 5

Boluri cu prune uscate și stafide

Timp de preparare: 10 minute.
Timp de preparare: 20 de minute.
Porții: 4

Ingrediente:
- ½ kilogram de prune, fără sâmburi și tăiate la jumătate
- 2 linguri de zahar de cocos
- 4 linguri de stafide
- 1 lingurita extract de vanilie
- 1 cana crema de cocos

Adrese:
1. Într-o cratiță, amestecați prunele cu zahărul și celelalte ingrediente, aduceți la fiert și fierbeți la foc mediu timp de 20 de minute.
2. Împărțiți în boluri și serviți.

Nutriție: Calorii 219, grăsimi 14,4, fibre 1,8, carbohidrați 21,1, proteine 2,2

batoane cu semințe de floarea soarelui

Timp de preparare: 10 minute.
Timp de preparare: 20 de minute.
Porții: 6

Ingrediente:
- 1 cană de făină de cocos
- ½ linguriță de bicarbonat de sodiu
- 1 lingura de seminte de in
- 3 linguri lapte de migdale
- 1 cană semințe de floarea soarelui
- 2 linguri de ulei de cocos topit
- 1 lingurita extract de vanilie

Adrese:
1. Intr-un bol amestecam faina cu praful de copt si ingredientele ramase, amestecam foarte bine, intindem pe o tava de copt, presam bine, coacem la cuptor la 350 de grade F timp de 20 de minute, lasam sa se raceasca pe o parte, taiati batoane. si serveste.

Nutriție: calorii 189, grăsimi 12,6, fibre 9,2, carbohidrați 15,7, proteine 4,7

Boluri cu afine și caju

Timp de preparare: 10 minute.
Timp de preparare: 0 minute.
Porții: 4
Ingrediente:

- 1 cană caju
- 2 căni de mure
- ¾ cană cremă de cocos
- 1 lingurita extract de vanilie
- 1 lingură de zahăr de cocos

Adrese:

1. Într-un bol, amestecați caju cu fructele și ingredientele rămase, amestecați, împărțiți în boluri mici și serviți.

Nutriție: Calorii 230, grăsimi 4, fibre 3,4, carbohidrați 12,3, proteine 8

Boluri cu portocale și mandarine

Timp de preparare: 4 minute.
Timp de preparare: 8 minute.
Porții: 4

Ingrediente:
- 4 portocale, decojite și tăiate în bucăți
- 2 mandarine, decojite și tăiate în bucăți
- 1 suc de lamaie
- 2 linguri de zahar de cocos
- 1 cană de apă

Adrese:
1. Într-o tigaie, amestecați portocalele cu mandarinele și celelalte ingrediente, aduceți la fiert și fierbeți la foc mediu timp de 8 minute.
2. Împărțiți în boluri și serviți rece.

Nutriție: Calorii 170, grăsimi 2,3, fibre 2,3, carbohidrați 11, proteine 3,4

Crema de dovleac

Timp de preparare: 2 ore.
Timp de preparare: 0 minute.
Porții: 4

Ingrediente:
- 2 cesti crema de cocos
- 1 cană de piure de dovleac
- 14 uncii cremă de nucă de cocos
- 3 linguri de zahar de cocos

Adrese:
1. Într-un bol, amestecați smântâna cu piureul de dovleac și restul ingredientelor, bateți bine, împărțiți în boluri mici și păstrați la frigider 2 ore înainte de servire.

Nutriție: Calorii 350, grăsimi 12,3, fibre 3, carbohidrați 11,7, proteine 6

Amestecul de smochine și rubarbă

Timp de preparare: 6 minute.
Timp de preparare: 14 minute.
Porții: 4

Ingrediente:
- 2 linguri de ulei de cocos topit
- 1 cană rubarbă, tocată
- 12 smochine tăiate în jumătate
- ¼ cană zahăr de cocos
- 1 cană de apă

Adrese:
1. Se incinge o tigaie cu ulei la foc mediu, se adauga smochinele si restul ingredientelor, se amesteca, se fierbe 14 minute, se imparte in cani mici si se servesc rece.

Nutriție: calorii 213, grăsimi 7,4, fibre 6,1, carbohidrați 39, proteine 2,2

banane asezonate

Timp de preparare: 4 minute.
Timp de preparare: 15 minute.
Porții: 4

Ingrediente:
- 4 banane, decojite și tăiate în jumătate
- 1 lingurita nucsoara macinata
- 1 lingurita de scortisoara pudra
- 1 suc de lamaie
- 4 linguri de zahar de cocos

Adrese:
1. Așezați bananele pe o foaie de copt, adăugați nucșoară și alte ingrediente, coaceți la 350 de grade F timp de 15 minute.
2. Împărțiți bananele prăjite între farfurii și serviți.

Nutriție: Calorii 206, grăsimi 0,6, fibre 3,2, carbohidrați 47,1, proteine 2,4

smoothie de cacao

Timp de preparare: 5 minute.
Timp de preparare: 0 minute.
Porții: 2

Ingrediente:

- 2 lingurite pudra de cacao
- 1 avocado, fără sâmburi, curățat de coajă și piure
- 1 cană lapte de migdale
- 1 cana crema de cocos

Adrese:

1. Într-un blender, amestecați laptele de migdale cu smântâna și celelalte ingrediente, pulsați bine, împărțiți în căni și serviți rece.

Nutriție: Calorii 155, grăsimi 12,3, fibre 4, carbohidrați 8,6, proteine 5

batoane cu banane

Timp de preparare: 30 minute.
Timp de preparare: 0 minute.
Porții: 4
Ingrediente:

- 1 cană ulei de cocos topit
- 2 banane, curatate si tocate
- 1 avocado, decojit, fără sâmburi și piure
- ½ cană zahăr de cocos
- ¼ cană suc de lămâie
- 1 lingurita coaja de lamaie
- spray de gatit

Adrese:

1. În robotul dvs. de bucătărie, combinați bananele cu ulei și toate celelalte ingrediente, cu excepția spray-ului de gătit și pulsați bine.
2. Se unge o tigaie cu ulei spray, se toarnă și se întinde amestecul de banane, se întinde, se dă la frigider 30 de minute, se taie în batoane și se servește.

Nutriție: Calorii 639, grăsimi 64,6, fibre 4,9, carbohidrați 20,5, proteine 1,7

Batoane cu curmale și ceai verde

Timp de preparare: 10 minute.
Timp de preparare: 30 minute.
Porții: 8

Ingrediente:
- 2 lingurite praf de ceai verde
- 2 căni de lapte de cocos încălzit
- ½ cană ulei de cocos topit
- 2 căni de zahăr de cocos
- 4 oua batute
- 2 lingurite de extract de vanilie
- 3 căni de făină de migdale
- 1 lingurita de bicarbonat de sodiu
- 2 lingurițe de praf de copt

Adrese:
1. Într-un bol, amestecați laptele de cocos cu praful de ceai verde și restul ingredientelor, amestecați bine, turnați în formă pătrată, întindeți, dați la cuptor, coaceți la 350 de grade F timp de 30 de minute, lăsați să se răcească, feliați. baruri și servire.

Nutriție: Calorii 560, grăsimi 22,3, fibre 4, carbohidrați 12,8, proteine 22,1

crema de nuca

Timp de preparare: 2 ore.
Timp de preparare: 0 minute.
Porții: 4

Ingrediente:
- 2 cani de lapte de migdale
- ½ cană cremă de cocos
- ½ ceasca de nuci tocate
- 3 linguri de zahar de cocos
- 1 lingurita extract de vanilie

Adrese:
1. Intr-un bol amestecam laptele de migdale cu smantana si restul ingredientelor, batem bine, impartim in cani si pastram la frigider 2 ore inainte de servire.

Nutriție: Calorii 170, grăsimi 12,4, fibre 3, carbohidrați 12,8, proteine 4

Tort cu lamaie

Timp de preparare: 10 minute.
Timp de gătire: 35 minute.
Porții: 6

Ingrediente:
- 2 căni de făină integrală
- 1 lingurita drojdie pudra
- 2 linguri de ulei de cocos topit
- 1 ou bătut
- 3 linguri de zahar de cocos
- 1 cană lapte de migdale
- Coaja de 1 lămâie rasă
- 1 suc de lamaie

Adrese:
1. Într-un castron, combinați făina cu uleiul și alte ingrediente, amestecați bine, transferați pe o tavă de copt și coaceți la 360 de grade F timp de 35 de minute.
2. Tăiați și serviți rece.

Nutriție: calorii 222, grăsimi 12,5, fibre 6,2, carbohidrați 7, proteine 17,4

batoane cu stafide

Timp de preparare: 10 minute.
Timp de preparare: 25 minute.
Porții: 6

Ingrediente:
- 1 lingurita de scortisoara pudra
- 2 căni de făină de migdale
- 1 lingurita drojdie pudra
- ½ lingurita de nucsoara macinata
- 1 cană ulei de cocos topit
- 1 cană zahăr de cocos
- 1 ou bătut
- 1 cană de stafide

Adrese:
1. Intr-un bol, amestecam faina cu scortisoara si restul ingredientelor, amestecam bine, intindem pe o tava tapetata, dam la cuptor, coacem la 380 de grade F timp de 25 de minute, taiati batoane si serviti rece.

Nutriție: Calorii 274, grăsimi 12, fibre 5,2, carbohidrați 14,5, proteine 7

Pătrate de nectarine

Timp de preparare: 10 minute.
Timp de preparare: 20 de minute.
Porții: 4

Ingrediente:
- 3 nectarine, fără sâmburi și tocate
- 1 lingură de zahăr de cocos
- ½ linguriță de bicarbonat de sodiu
- 1 cană făină de migdale
- 4 linguri ulei de cocos topit
- 2 linguri de cacao pudră

Adrese:
1. Într-un blender, combinați nectarinele cu zahărul și ingredientele rămase, pulsați bine, turnați într-o tavă pătrată tapetată, întindeți, coaceți la 375 de grade F timp de 20 de minute, lăsați amestecul să se răcească. , Tăiați în pătrate și serviți.

Nutriție: Calorii 342, grăsimi 14,4, fibre 7,6, carbohidrați 12, proteine 7,7

tocană de struguri

Timp de preparare: 10 minute.
Timp de preparare: 20 de minute.
Porții: 4

Ingrediente:
- 1 cană de struguri verzi
- suc de ½ lămâie
- 2 linguri de zahar de cocos
- 1 cană și jumătate de apă
- 2 lingurite de cardamom pudra

Adrese:
1. Se încălzește o tigaie cu apă la foc mediu, se adaugă strugurii și restul ingredientelor, se aduce la fierbere, se fierbe 20 de minute, se împarte în boluri și se servesc.

Nutriție: calorii 384, grăsimi 12,5, fibre 6,3, carbohidrați 13,8, proteine 5,6

Cremă de mandarine și prune

Timp de preparare: 10 minute.
Timp de preparare: 20 de minute.
Porții: 4

Ingrediente:
- 1 mandarina, curatata si tocata
- ½ kg prune uscate fără sâmburi și mărunțite
- 1 cana crema de cocos
- Suc din 2 mandarine
- 2 linguri de zahar de cocos

Adrese:
1. Într-un blender, combinați mandarinele cu prunele și alte ingrediente, pulsați bine, împărțiți în forme mici, puneți la cuptor, coaceți la 350 de grade F timp de 20 de minute și serviți rece.

Nutriție: Calorii 402, grăsimi 18,2, fibre 2, carbohidrați 22,2, proteine 4,5

Crema de cirese si capsuni

Timp de preparare: 10 minute.
Timp de preparare: 0 minute.
Porții: 6

Ingrediente:
- 1 kg de cireșe, fără sâmburi
- 1 cana capsuni tocate
- ¼ cană zahăr de cocos
- 2 cesti crema de cocos

Adrese:
1. Într-un blender, combinați cireșele cu celelalte ingrediente, pulsați bine, împărțiți în boluri și serviți rece.

Nutriție: Calorii 342, grăsimi 22,1, fibre 5,6, carbohidrați 8,4, proteine 6,5

Nuci de cardamom și budincă de orez

Timp de preparare: 5 minute.
Timp de preparare: 40 de minute.
Porții: 4

Ingrediente:
- 1 cană de orez basmati
- 3 căni de lapte de migdale
- 3 linguri de zahar de cocos
- ½ linguriță cardamom pudră
- ¼ cana nuci tocate

Adrese:
1. Intr-o tigaie amestecati orezul cu laptele si celelalte ingrediente, amestecati, gatiti 40 de minute la foc mediu, impartiti in boluri si serviti rece.

Nutriție: Calorii 703, grăsimi 47,9, fibre 5,2, carbohidrați 62,1, proteine 10,1

pâine de pere

Timp de preparare: 10 minute.
Timp de preparare: 30 minute.
Porții: 4

Ingrediente:
- 2 căni de pere, fără sâmburi și tăiate cubulețe
- 1 cană zahăr de cocos
- 2 oua batute
- 2 căni de făină de migdale
- 1 lingura de praf de copt
- 1 lingura ulei de cocos topit

Adrese:
1. Într-un bol combinați perele cu zahărul și celelalte ingrediente, amestecați, turnați într-o tavă de pâine, puneți la cuptor și coaceți la 350 de grade F timp de 30 de minute.
2. Tăiați și serviți rece.

Nutriție: Calorii 380, grăsimi 16,7, fibre 5, carbohidrați 17,5, proteine 5,6

Budincă de orez și cireșe

Timp de preparare: 10 minute.
Timp de preparare: 25 minute.
Porții: 4

Ingrediente:
- 1 lingura ulei de cocos topit
- 1 cană de orez alb
- 3 căni de lapte de migdale
- ½ cană de cireșe fără sâmburi și tăiate la jumătate
- 3 linguri de zahar de cocos
- 1 lingurita de scortisoara pudra
- 1 lingurita extract de vanilie

Adrese:
1. Intr-o tigaie se amesteca uleiul cu orezul si celelalte ingrediente, se amesteca, se aduce la fiert, se fierbe 25 de minute la foc mediu, se imparte in boluri si se serveste rece.

Nutriție: calorii 292, grăsimi 12,4, fibre 5,6, carbohidrați 8, proteine 7

tocană de pepene verde

Timp de preparare: 5 minute.
Timp de preparare: 8 minute.
Porții: 4

Ingrediente:
- 1 suc de lamaie
- 1 lingurita coaja de lamaie
- 1 cană și jumătate de zahăr de cocos
- 4 căni de pepene verde, decojit și tăiat în bucăți mari
- 1 cană și jumătate de apă

Adrese:
1. Într-o tigaie, combinați pepenele verde cu coaja de lămâie și celelalte ingrediente, amestecați, puneți la foc mediu, gătiți 8 minute, împărțiți în boluri și serviți rece.

Nutriție:: calorii 233, grăsimi 0,2, fibre 0,7, carbohidrați 61,5, proteine 0,9

budincă de ghimbir

Timp de preparare: 1 ora.
Timp de preparare: 0 minute.
Porții: 4

Ingrediente:
- 2 cani de lapte de migdale
- ½ cană cremă de cocos
- 2 linguri de zahar de cocos
- 1 lingură ghimbir ras
- ¼ cană semințe de chia

Adrese:
1. Intr-un bol amestecam laptele cu smantana si restul ingredientelor, batem bine, impartim in pahare mici si pastram la frigider 1 ora inainte de servire.

Nutriție: Calorii 345, grăsimi 17, fibre 4,7, carbohidrați 11,5, proteine 6,9

crema de caju

Timp de preparare: 2 ore.
Timp de preparare: 0 minute.
Porții: 4

Ingrediente:
- 1 cană nuci caju tocate
- 2 linguri de ulei de cocos topit
- 2 linguri de ulei de cocos topit
- 1 cana crema de cocos
- linguri de suc de lamaie
- 1 lingură de zahăr de cocos

Adrese:
1. Într-un blender, combinați caju cu uleiul de cocos și ingredientele rămase, pulsați bine, împărțiți-le în căni mici și puneți la frigider cu 2 ore înainte de servire.

Nutriție: Calorii 480, grăsimi 43,9, fibre 2,4, carbohidrați 19,7, proteine 7

prăjituri de cânepă

Timp de preparare: 30 minute.
Timp de preparare: 0 minute.
Porții: 6

Ingrediente:
- 1 cană migdale, înmuiate peste noapte și scurse
- 2 linguri de cacao pudră
- 1 lingură de zahăr de cocos
- ½ cană semințe de cânepă
- ¼ cană nucă de cocos rasă
- ½ cană de apă

Adrese:
1. În robotul dvs. de bucătărie, combinați migdalele cu pudra de cacao și ingredientele rămase, pulsați bine, apăsați-le pe o tavă de copt tapetată, dați la frigider pentru 30 de minute, feliați și serviți.

Nutriție: Calorii 270, grăsimi 12,6, fibre 3, carbohidrați 7,7, proteine 7

Boluri cu rodii și migdale

Timp de preparare: 2 ore.
Timp de preparare: 0 minute.
Porții: 4

Ingrediente:
- ½ cană cremă de cocos
- 1 lingurita extract de vanilie
- 1 cana migdale tocate
- 1 cană de semințe de rodie
- 1 lingură de zahăr de cocos

Adrese:
1. Intr-un bol amestecam migdalele cu smantana si celelalte ingrediente, amestecam, impartim in boluri mici si servim.

Nutriție: Calorii 258, grăsimi 19, fibre 3,9, carbohidrați 17,6, proteine 6,2

Broccoli de curcan și chimen

Timp de preparare: 10 minute.
Timp de preparare: 30 minute.
Porții: 4

Ingrediente:
- 1 ceapa rosie tocata
- 1 kg piept de curcan, fără piele, dezosat și cuburi
- 2 cesti buchetele de broccoli
- 1 lingurita de chimion, macinat
- 3 catei de usturoi tocati
- 2 linguri de ulei de măsline
- 14 uncii de lapte de cocos
- Un praf de piper negru
- ¼ cană coriandru tocat

Adrese:
1. Se incinge o tigaie cu ulei de masline la foc mediu, se adauga ceapa si usturoiul, se amesteca si se calesc 5 minute.
2. Se adaugă curcanul, se amestecă și se rumenește timp de 5 minute.
3. Adăugați broccoli și restul ingredientelor, aduceți la foc mediu și gătiți timp de 20 de minute.
4. Împărțiți amestecul în farfurii și serviți.

Nutriție: calorii 438, grăsimi 32,9, fibre 4,7, carbohidrați 16,8, proteine 23,5

Cuișoare de pui

Timp de preparare: 10 minute.
Timp de preparare: 30 minute.
Porții: 4

Ingrediente:
- 1 kg piept de pui, fără piele, dezosat și tăiat cubulețe
- 1 cană bulion de pui cu conținut scăzut de sodiu
- 1 lingura de ulei de avocado
- 2 lingurițe cuișoare măcinate
- 1 ceapa galbena tocata
- 2 lingurite boia dulce
- 3 roșii, tăiate cubulețe
- Un praf de sare si piper negru.
- ½ cana patrunjel tocat

Adrese:
1. Se incinge o tigaie cu ulei de masline la foc mediu, se adauga ceapa si se caleste 5 minute.
2. Se adauga puiul si se rumeneste inca 5 minute.
3. Adăugați bulionul și alte ingrediente, aduceți la fiert și fierbeți la foc mediu încă 20 de minute.
4. Împărțiți amestecul în farfurii și serviți.

Nutriție: calorii 324, grăsimi 12,3, fibre 5, carbohidrați 33,10, proteine 22,4

pui cu anghinare

Timp de preparare: 10 minute.
Timp de preparare: 30 minute.
Porții: 4

Ingrediente:
- 2 piepti de pui, fara piele, dezosati si taiati la jumatate
- 1 lingură ghimbir ras
- 1 cana rosii conservate nesarate, tocate
- 10 uncii de anghinare conservate, nesărate, scurse de apă și tăiate în sferturi
- 2 linguri de suc de lamaie
- 2 linguri de ulei de măsline
- Un praf de piper negru

Adrese:
1. Se incinge o tigaie cu ulei de masline la foc mediu, se adauga ghimbirul si anghinarea, se amesteca si se fierbe 5 minute.
2. Adăugați puiul și gătiți încă 5 minute.
3. Adăugați celelalte ingrediente, aduceți la fiert și gătiți încă 20 de minute.
4. Împărțiți totul în farfurii și serviți.

Nutriție: Calorii 300, grăsimi 14,5, fibre 5,3, carbohidrați 16,4, proteine 15,1

amestec de ardei de curcan

Timp de preparare: 10 minute.
Timp de preparare: 30 minute.
Porții: 4

Ingrediente:
- ½ lingură piper negru
- 1 lingura de ulei de masline
- 1 kg piept de curcan, fără piele, dezosat și cuburi
- 1 cană bulion de pui cu conținut scăzut de sodiu
- 3 catei de usturoi tocati
- 2 roșii, tăiate cubulețe
- Un praf de piper negru
- 2 linguri de arpagic tocat

Adrese:
1. Se incinge o tigaie cu ulei de masline la foc mediu, se adauga usturoiul si curcanul si se rumenesc timp de 5 minute.
2. Adăugați boabele de piper și restul ingredientelor, aduceți la fiert și fierbeți la foc mediu timp de 25 de minute.
3. Împărțiți amestecul în farfurii și serviți.

Nutriție: Calorii 313, grăsimi 13,3, fibre 7, carbohidrați 23,4, proteine 16

Pulpe de pui si legume cu rozmarin

Timp de preparare: 10 minute.
Timp de preparare: 40 de minute.
Porții: 4

Ingrediente:
- 2 kg piept de pui dezosat, fără piele, tăiat cubulețe
- 1 morcov în cuburi
- 1 tulpină de țelină tocată
- 1 roșie tăiată cubulețe
- 2 cepe roșii mici, tăiate felii
- 1 dovlecel în cuburi
- 2 catei de usturoi tocati
- 1 lingura de rozmarin tocat
- 2 linguri de ulei de măsline
- piper negru după gust
- ½ cană bulion de legume cu conținut scăzut de sodiu

Adrese:
1. Se incinge o tigaie cu ulei de masline la foc mediu, se adauga ceapa si usturoiul, se amesteca si se calesc 5 minute.
2. Se adauga puiul, se amesteca si se rumeneste inca 5 minute.
3. Adăugați morcovul și alte ingrediente, amestecați, aduceți la fiert și fierbeți la foc mediu timp de 30 de minute.
4. Împărțiți amestecul în farfurii și serviți.

Nutriție: calorii 325, grăsimi 22,5, fibre 6,1, carbohidrați 15,5, proteine 33,2

Pui cu morcovi si varza

Timp de preparare: 10 minute.
Timp de preparare: 25 minute.
Porții: 4

Ingrediente:
- 1 kg piept de pui, fără piele, dezosat și tăiat cubulețe
- 2 linguri de ulei de măsline
- 2 morcovi, curatati si rasi
- 1 lingurita boia dulce
- ½ cană bulion de legume cu conținut scăzut de sodiu
- 1 varză roșie, tocată
- 1 ceapa galbena tocata
- piper negru după gust

Adrese:
1. Se incinge o tigaie cu ulei la foc mediu, se adauga ceapa, se amesteca si se caleste 5 minute.
2. Se adauga carnea si se rumeneste inca 5 minute.
3. Adăugați morcovi și alte ingrediente, amestecați, aduceți la fierbere și gătiți la foc mediu timp de 15 minute.
4. Împărțiți totul în farfurii și serviți.

Nutriție: Calorii 370, grăsimi 22,2, fibre 5,2, carbohidrați 44,2, proteine 24,2

Sandviş cu vinete şi curcan

Timp de preparare: 10 minute.
Timp de preparare: 25 minute.
Porţii: 4

Ingrediente:
- 1 piept de curcan, fara piele, dezosat si taiat in 4 bucati
- 1 vinete taiata in 4 felii
- piper negru după gust
- 1 lingura de ulei de masline
- 1 lingură de oregano tocat
- ½ cană sos de roşii cu conţinut scăzut de sodiu
- ½ cană brânză cheddar cu conţinut scăzut de grăsimi, rasă
- 4 felii de pâine integrală

Adrese:
1. Se incinge un gratar la foc mediu-mare, se adauga feliile de curcan, se stropesc jumatate din ulei de masline deasupra, se stropesc cu piper negru, se gatesc 8 minute pe fiecare parte si se transfera pe o farfurie.
2. Se aseaza feliile de vinete pe gratarul incins, se stropesc cu uleiul ramas, se condimenteaza si cu piper negru, se calesc 4 minute pe fiecare parte si se transfera in farfuria cu feliile de curcan si la fel.
3. Asezati 2 felii de paine pe o suprafata de lucru, impartiti branza intre fiecare, impartiti feliile de vinete si curcan intre fiecare, presarati oregano, stropiti cu sosul peste tot si acoperiti cu celelalte 2 felii de paine.
4. Împărțiți sandvișurile între farfurii și serviți.

Nutriție: Calorii 280, grăsimi 12,2, fibre 6, carbohidrați 14, proteine 12

Tortile simple de curcan și dovlecei

Timp de preparare: 10 minute.
Timp de preparare: 20 de minute.
Porții: 4

Ingrediente:
- 4 tortilla din grau integral
- ½ cană iaurt cu conținut scăzut de grăsimi
- 1 kilogram de curcan, piept, fără piele, dezosat și tăiat fâșii
- 1 lingura de ulei de masline
- 1 ceapa rosie feliata
- 1 dovlecel în cuburi
- 2 roșii, tăiate cubulețe
- piper negru după gust

Adrese:
1. Se incinge o tigaie cu ulei la foc mediu, se adauga ceapa, se amesteca si se caleste 5 minute.
2. Adăugați dovlecelul și roșiile, amestecați și gătiți încă 2 minute.
3. Adăugați carnea de curcan, amestecați și gătiți încă 13 minute.
4. Întindeți iaurt pe fiecare tortilla, adăugați amestecul de curcan și dovlecel împărțit, rulați, împărțiți în farfurii și serviți.

Nutriție: calorii 290, grăsimi 13,4, fibre 3,42, carbohidrați 12,5, proteine 6,9

Pui cu ardei gras și tigaie de vinete

Timp de preparare: 10 minute.
Timp de preparare: 25 minute.
Porții: 4

Ingrediente:
- 2 piept de pui, fara piele, dezosat si taiat cubulete
- 1 ceapa rosie tocata
- 2 linguri de ulei de măsline
- 1 vinete in cuburi
- 1 ardei gras rosu, taiat cubulete
- 1 ardei gras galben, taiat cubulete
- piper negru după gust
- 2 căni de lapte de cocos

Adrese:
4. Se încălzește o tigaie cu ulei la foc mediu-mare, se adaugă ceapa, se amestecă și se fierbe timp de 3 minute.
5. Adăugați ardeii, amestecați și gătiți încă 2 minute.
6. Adăugați puiul și celelalte ingrediente, amestecați, aduceți la fiert și fierbeți la foc mediu încă 20 de minute.
7. Împărțiți totul în farfurii și serviți.

Nutriție: Calorii 310, grăsimi 14,7, fibre 4, carbohidrați 14,5, proteine 12,6

curcan fript balsamic

Timp de preparare: 10 minute.
Timp de preparare: 40 de minute.
Porții: 4

Ingrediente:
- 1 piept mare de curcan, fara piele, dezosat si feliat
- 2 linguri de otet balsamic
- 1 lingura de ulei de masline
- 2 catei de usturoi tocati
- 1 lingura condimente italiene
- piper negru după gust
- 1 lingura de coriandru tocat

Adrese:
1. Într-un vas rezistent la cuptor, aruncați curcanul cu oțetul, uleiul și ingredientele rămase, amestecați, puneți la cuptor la 400 de grade F și coaceți timp de 40 de minute.
2. Împărțiți totul în farfurii și serviți cu o salată.

Nutriție: Calorii 280, grăsimi 12,7, fibre 3, carbohidrați 22,1, proteine 14

Mix de cheddar de curcan

Timp de preparare: 10 minute.
Timp de gătire: 1 oră.
Porții: 4

Ingrediente:
- 1 kg piept de curcan, fără piele, dezosat și feliat
- 2 linguri de ulei de măsline
- 1 cana rosii conservate nesarate, tocate
- piper negru după gust
- 1 cană brânză cheddar cu conținut scăzut de grăsimi, rasă
- 2 linguri de patrunjel tocat

Adrese:
1. Ungeți o tavă de copt cu ulei de măsline, puneți feliile de curcan pe foaia de copt, împrăștiați roșiile deasupra, asezonați cu piper negru, presărați deasupra brânza și pătrunjelul, puneți la cuptor la 400 de grade F și coaceți timp de 1 oră.
2. Împărțiți totul în farfurii și serviți.

Nutriție: Calorii 350, grăsimi 13,1, fibre 4, carbohidrați 32,4, proteine 14,65

parmezan de curcan

Timp de preparare: 10 minute.
Timp de gătire: 23 minute.
Porții: 4

Ingrediente:
- 1 kg piept de curcan, fără piele, dezosat și cuburi
- 1 lingura de ulei de masline
- ½ cană parmezan slab ras
- 2 salote tocate
- 1 cană lapte de cocos
- piper negru după gust

Adrese:
1. Se încălzește o tigaie cu ulei la foc mediu-mare, se adaugă șalota, se amestecă și se fierbe timp de 5 minute.
2. Adăugați carnea, laptele de cocos și piperul negru, amestecați și gătiți la foc mediu încă 15 minute.
3. Adăugați parmezanul, gătiți 2-3 minute, împărțiți totul în farfurii și serviți.

Nutriție: calorii 320, grăsimi 11,4, fibre 3,5, carbohidrați 14,3, proteine 11,3

Mix cremos de pui și creveți

Timp de preparare: 10 minute.
Timp de preparare: 14 minute.
Porții: 4

Ingrediente:
- 1 lingura de ulei de masline
- 1 kg piept de pui, fără piele, dezosat și tăiat cubulețe
- ¼ cană supă de pui cu conținut scăzut de sodiu
- 1 kilogram de creveți, curățați și curățați
- ½ cană cremă de cocos
- 1 lingura de coriandru tocat

Adrese:
1. Se incinge o tigaie cu ulei la foc mediu, se adauga puiul, se amesteca si se fierbe 8 minute.
2. Adăugați creveții și alte ingrediente, amestecați, gătiți încă 6 minute, împărțiți în boluri și serviți.

Nutriție: Calorii 370, grăsimi 12,3, fibre 5,2, carbohidrați 12,6, proteine 8

Mix de curcan cu busuioc și sparanghel cald

Timp de preparare: 10 minute.
Timp de preparare: 40 de minute.
Porții: 4

Ingrediente:
- 1 kg piept de curcan, fara piele si taiat fasii
- 1 cana crema de cocos
- 1 cană bulion de pui cu conținut scăzut de sodiu
- 2 linguri de patrunjel tocat
- 1 buchet de sparanghel, tăiat și tăiat la jumătate
- 1 lingurita pudra de chili
- 2 linguri de ulei de măsline
- Un praf de sare de mare si piper negru.

Adrese:
1. Se încălzește o tigaie cu ulei de măsline la foc mediu-mare, se adaugă curcanul și puțin piper negru, se amestecă și se fierbe timp de 5 minute.
2. Adăugați sparanghelul, pudra de chili și alte ingrediente, amestecați, aduceți la fierbere și gătiți la foc mediu încă 30 de minute.
3. Împărțiți totul în farfurii și serviți.

Nutriție: calorii 290, grăsimi 12,10, fibre 4,6, carbohidrați 12,7, proteine 24

amestec de caju de curcan

Timp de preparare: 10 minute.
Timp de preparare: 40 de minute.
Porții: 4

Ingrediente:
- 1 kg piept de curcan, fără piele, dezosat și cuburi
- 1 cană nuci caju tocate
- 1 ceapa galbena tocata
- ½ lingură ulei de măsline
- piper negru după gust
- ½ lingurita boia dulce
- 2 și ½ linguri de unt de caju
- ¼ cană supă de pui cu conținut scăzut de sodiu
- 1 lingura de coriandru tocat

Adrese:
1. Se încălzește o tigaie cu ulei de măsline la foc mediu-mare, se adaugă ceapa, se amestecă și se prăjește timp de 5 minute.
2. Se adauga carnea si se rumeneste inca 5 minute.
3. Adăugați restul ingredientelor, amestecați, aduceți la fiert și fierbeți la foc mediu timp de 30 de minute.
4. Împărțiți amestecul în farfurii și serviți.

Nutriție: calorii 352, grăsimi 12,7, fibre 6,2, carbohidrați 33,2, proteine 13,5

Turcia și fructele de pădure

Timp de preparare: 10 minute.
Timp de gătire: 35 minute.
Porții: 4

Ingrediente:
- 2 kg piept de curcan, fără piele, dezosat și cuburi
- 1 lingura de ulei de masline
- 1 ceapa rosie tocata
- 1 cană de afine
- 1 cană bulion de pui cu conținut scăzut de sodiu
- ¼ cană coriandru tocat
- piper negru după gust

Adrese:
1. Se incinge o tigaie cu ulei la foc mediu-mare, se adauga ceapa, se amesteca si se caleste 5 minute.
2. Adăugați carnea, fructele de pădure și alte ingrediente, aduceți la fiert și fierbeți la foc mediu încă 30 de minute.
3. Împărțiți amestecul în farfurii și serviți.

Nutriție: calorii 293, grăsimi 7,3, fibre 2,8, carbohidrați 14,7, proteine 39,3

Piept de pui cu cinci condimente

Timp de preparare: 5 minute.
Timp de gătire: 35 minute.
Porții: 4

Ingrediente:
- 1 cană roșii zdrobite
- 1 lingurita cinci condimente
- 2 jumătăți de piept de pui fără piele, dezosate și tăiate la jumătate
- 1 lingura de ulei de avocado
- 2 linguri de aminoacizi de cocos
- piper negru după gust
- 1 lingura de ienibahar
- 1 lingura de coriandru tocat

Adrese:
1. Se incinge o tigaie cu ulei la foc mediu, se adauga carnea si se rumeneste 2 minute pe fiecare parte.
2. Adăugați roșii, cinci condimente și alte ingrediente, aduceți la fiert și gătiți la foc mediu timp de 30 de minute.
3. Împărțiți amestecul în farfurii și serviți.

Nutriție: Calorii 244, grăsimi 8,4, fibre 1,1, carbohidrați 4,5, proteine 31

Curcan cu legume asezonate

Timp de preparare: 10 minute.
Timp de gătire: 17 minute.
Porții: 4

Ingrediente:
- 1 kg piept de curcan, dezosat, fără piele şi cuburi
- 1 cană de frunze de muştar
- 1 lingurita nucsoara macinata
- 1 lingurita ienibahar, macinata
- 1 ceapa galbena tocata
- piper negru după gust
- 1 lingura de ulei de masline

Adrese:
1. Se incinge o tigaie cu ulei la foc mediu-mare, se adauga ceapa si carnea si se rumenesc 5 minute.
2. Adaugati restul ingredientelor, amestecati, gatiti la foc mediu inca 12 minute, impartiti in farfurii si serviti.

Nutriție: Calorii 270, grăsimi 8,4, fibre 8,32, carbohidrați 33,3, proteine 9

Ciuperci cu Pui si Chile

Timp de preparare: 10 minute.
Timp de preparare: 20 de minute.
Porții: 4

Ingrediente:
- 2 piepti de pui, fara piele, dezosati si taiati la jumatate
- ½ kg de ciuperci albe, tăiate la jumătate
- 1 lingura de ulei de masline
- 1 cana rosii conservate nesarate, tocate
- 2 linguri migdale tocate
- 2 linguri de ulei de măsline
- ½ linguriță fulgi de piper
- piper negru după gust

Adrese:
1. Se încălzește o tigaie cu ulei de măsline la foc mediu-mare, se adaugă ciupercile, se amestecă și se prăjește timp de 5 minute.
2. Adăugați carnea, amestecați și gătiți încă 5 minute.
3. Adăugați roșiile și alte ingrediente, aduceți la fiert și fierbeți la foc mediu timp de 10 minute.
4. Împărțiți amestecul în farfurii și serviți.

Nutriție: Calorii 320, grăsimi 12,2, fibre 5,3, carbohidrați 33,3, proteine 15

Chili Chicken Anghinare

Timp de preparare: 10 minute.
Timp de preparare: 20 de minute.
Porții: 4

Ingrediente:

- 2 ardei rosii tocati
- 1 lingura de ulei de masline
- 1 ceapa galbena tocata
- 1 kilogram de piept de pui dezosat, fără piele, tăiat cubulețe
- 1 cană roșii zdrobite
- 10 uncii inimioare de anghinare conservate, scurse și tăiate în sferturi
- piper negru după gust
- ½ cană supă de pui cu conținut scăzut de sodiu
- 2 linguri de suc de lamaie

Adrese:

1. Se incinge o tigaie cu ulei la foc mediu, se adauga ceapa si ardeii, se amesteca si se calesc 5 minute.
2. Se adauga carnea, se amesteca si se rumeneste inca 5 minute.
3. Adăugați celelalte ingrediente, aduceți la foc mediu și gătiți timp de 10 minute.
4. Împărțiți amestecul în farfurii și serviți.

Nutriție: calorii 280, grăsimi 11,3, fibre 5, carbohidrați 14,5, proteine 13,5

Amestecul de pui și sfeclă

Timp de preparare: 10 minute.
Timp de preparare: 0 minute.
Porții: 4

Ingrediente:
- 1 morcov ras
- 2 sfecla, curatata si rasa
- ½ cană maioneză cu avocado
- 1 cană piept de pui afumat, fără piele, dezosat, gătit și mărunțit
- 1 lingurita arpagic tocat

Adrese:
1. Într-un bol, amestecați puiul cu sfecla roșie și alte ingrediente, amestecați și serviți imediat.

Nutriție: Calorii 288, grăsimi 24,6, fibre 1,4, carbohidrați 6,5, proteine 14

Turcia cu salata de telina

Timp de preparare: 4 minute.
Timp de preparare: 0 minute.
Porții: 4

Ingrediente:
- 2 căni de piept de curcan fără piele, dezosat, gătit și mărunțit
- 1 cană tulpini de țelină tocate
- 2 arpagic tocat
- 1 cană măsline negre fără sâmburi și tăiate la jumătate
- 1 lingura de ulei de masline
- 1 lingurita suc de lamaie
- 1 cană iaurt cu conținut scăzut de grăsimi

Adrese:
1. Într-un bol, amestecați curcanul cu țelina și celelalte ingrediente, amestecați și serviți rece.

Nutriție: calorii 157, grăsimi 8, fibre 2, carbohidrați 10,8, proteine 11,5

Mix de pulpe de pui și struguri

Timp de preparare: 10 minute.
Timp de preparare: 40 de minute.
Porții: 4

Ingrediente:
- 1 morcov în cuburi
- 1 ceapă galbenă, feliată
- 1 lingura de ulei de masline
- 1 cană roșii tăiate cubulețe
- ¼ cană supă de pui cu conținut scăzut de sodiu
- 2 catei de usturoi tocati
- 1 kilogram de pulpe de pui dezosate și fără piele
- 1 cană de struguri verzi
- piper negru după gust

Adrese:
1. Uniți o friptură cu uleiul, puneți pulpele de pui și adăugați celelalte ingrediente deasupra.
2. Coaceți la 390 de grade F timp de 40 de minute, împărțiți în farfurii și serviți.

Nutriție: calorii 289, grăsimi 12,1, fibre 1,7, carbohidrați 10,3, proteine 33,9

Turcia și orzul cu lămâie

Timp de preparare: 5 minute.
Timp de preparare: 55 minute.
Porții: 4

Ingrediente:
- 1 lingura de ulei de masline
- 1 piept de curcan, fara piele, dezosat si feliat
- piper negru după gust
- 2 tulpini de telina, tocate
- 1 ceapa rosie tocata
- 2 căni de supă de pui cu conținut scăzut de sodiu
- ½ cană de orz
- 1 lingurita coaja de lamaie
- 1 lingura suc de lamaie
- 1 lingura arpagic tocat

Adrese:
1. Se incinge o tigaie cu ulei la foc mediu-mare, se adauga carnea si ceapa, se amesteca si se rumenesc 5 minute.
2. Adăugați țelina și ingredientele rămase, amestecați, aduceți la fierbere, reduceți focul la mediu, gătiți timp de 50 de minute, împărțiți în boluri și serviți.

Nutriție: Calorii 150, grăsimi 4,5, fibre 4,9, carbohidrați 20,8, proteine 7,5

Curcan cu amestec de sfeclă și ridichi

Timp de preparare: 10 minute.
Timp de gătire: 35 minute.
Porții: 4

Ingrediente:
- 1 piept de curcan, fara piele, dezosat si taiat cubulete
- 2 sfecla rosie, curatata si taiata cubulete
- 1 cană ridichi, tăiate cubulețe
- 1 ceapa rosie tocata
- ¼ cană supă de pui cu conținut scăzut de sodiu
- piper negru după gust
- 1 lingura de ulei de masline
- 2 linguri de arpagic tocat

Adrese:
1. Se încălzește o tigaie cu ulei la foc mediu-mare, se adaugă carnea și ceapa, se amestecă și se rumenesc timp de 5 minute.
2. Adăugați sfecla, ridichile și alte ingrediente, aduceți la fiert și fierbeți la foc mediu încă 30 de minute.
3. Împărțiți amestecul în farfurii și serviți.

Nutriție: calorii 113, grăsimi 4,4, fibre 2,3, carbohidrați 10,4, proteine 8,8

Mix de porc cu usturoi

Timp de preparare: 10 minute.
Timp de preparare: 45 minute.
Porții: 8

Ingrediente:
- 2 kg carne de porc, dezosată și tăiată cubulețe
- 1 ceapa rosie tocata
- 1 lingura de ulei de masline
- 3 catei de usturoi tocati
- 1 cană bulion de vită cu conținut scăzut de sodiu
- 2 linguri boia dulce
- piper negru după gust
- 1 lingura arpagic tocat

Adrese:
1. Se incinge o tigaie cu ulei de masline la foc mediu, se adauga ceapa si carnea, se amesteca si se rumenesc 5 minute.
2. Adăugați restul ingredientelor, amestecați, reduceți focul la mediu, acoperiți și gătiți timp de 40 de minute.
3. Împărțiți amestecul în farfurii și serviți.

Nutriție: calorii 407, grăsimi 35,4, fibre 1, carbohidrați 5, proteine 14,9

Boia de porc cu morcovi

Timp de preparare: 10 minute.
Timp de preparare: 30 minute.
Porții: 4

Ingrediente:
- 1 kg carne de porc fiartă, tăiată cubulețe
- ¼ cană bulion de legume cu conținut scăzut de sodiu
- 2 morcovi, decojiti si feliati
- 2 linguri de ulei de măsline
- 1 ceapa rosie feliata
- 2 lingurite boia dulce
- piper negru după gust

Adrese:
1. Se incinge o tigaie cu ulei la foc mediu, se adauga ceapa, se amesteca si se caleste 5 minute.
2. Se adauga carnea, se amesteca si se rumeneste inca 5 minute.
3. Adăugați celelalte ingrediente, aduceți la fiert și fierbeți la foc mediu timp de 20 de minute.
4. Împărțiți amestecul în farfurii și serviți.

Nutriție: Calorii 328, grăsimi 18,1, fibre 1,8, carbohidrați 6,4, proteine 34

Carne de porc cu ghimbir si ceapa

Timp de preparare: 10 minute.
Timp de gătire: 35 minute.
Porții: 4

Ingrediente:
- 2 cepe roșii, tăiate felii
- 2 cepe verde tocate
- 1 lingura de ulei de masline
- 2 lingurite de ghimbir ras
- 4 cotlete de porc
- 3 catei de usturoi tocati
- piper negru după gust
- 1 morcov tocat
- 1 cană bulion de vită cu conținut scăzut de sodiu
- 2 linguri de pasta de rosii
- 1 lingura de coriandru tocat

Adrese:
1. Încinge o tigaie cu ulei de măsline la foc mediu, adaugă ceapa verde și roșie, amestecă și călește timp de 3 minute.
2. Adăugați usturoiul și ghimbirul, amestecați și gătiți încă 2 minute.
3. Adăugați cotletele de porc și gătiți 2 minute pe fiecare parte.
4. Adăugați restul ingredientelor, aduceți la fiert și fierbeți la foc mediu încă 25 de minute.
5. Împărțiți amestecul în farfurii și serviți.

Nutriție: calorii 332, grăsimi 23,6, fibre 2,3, carbohidrați 10,1, proteine 19,9

carne de porc cu chimen

Timp de preparare: 10 minute.
Timp de preparare: 45 minute.
Porții: 4

Ingrediente:
- ½ cană bulion de vită cu conținut scăzut de sodiu
- 2 linguri de ulei de măsline
- 2 kg carne de porc friptă, tăiată cubulețe
- 1 lingurita coriandru macinat
- 2 lingurite chimen macinat
- piper negru după gust
- 1 cană de roșii cherry, tăiate în jumătate
- 4 catei de usturoi, tocati
- 1 lingura de coriandru tocat

Adrese:
1. Se incinge o tigaie cu ulei la foc mediu, se adauga usturoiul si carnea, se amesteca si se rumenesc 5 minute.
2. Adăugați bulionul și alte ingrediente, aduceți la fiert și fierbeți la foc mediu timp de 40 de minute.
3. Împărțiți totul în farfurii și serviți.

Nutriție: calorii 559, grăsimi 29,3, fibre 0,7, carbohidrați 3,2, proteine 67,4

Amestecul de carne de porc și legume

Timp de preparare: 10 minute.
Timp de preparare: 20 de minute.
Porții: 4

Ingrediente:
- 2 linguri de otet balsamic
- 1/3 cană de aminoacizi de cocos
- 1 lingura de ulei de masline
- 4 uncii de verdeață de salată mixtă
- 1 cană de roșii cherry, tăiate în jumătate
- 4 uncii friptură de porc, tăiată în fâșii
- 1 lingura arpagic tocat

Adrese:
1. Se incinge o tigaie cu ulei la foc mediu, se adauga carnea de porc, aminoacizii si otetul, se amesteca si se fierbe 15 minute.
2. Adăugați frunzele de salată și alte ingrediente, amestecați, gătiți încă 5 minute, împărțiți în farfurii și serviți.

Nutriție: Calorii 125, grăsimi 6,4, fibre 0,6, carbohidrați 6,8, proteine 9,1

Tigaie de porc cu cimbru

Timp de preparare: 10 minute.
Timp de preparare: 25 minute.
Porții: 4

Ingrediente:
- 1 kg muschie de porc, tăiată și tăiată cubulețe
- 1 lingura de ulei de masline
- 1 ceapa galbena tocata
- 3 catei de usturoi tocati
- 1 lingura de cimbru uscat
- 1 cană bulion de pui cu conținut scăzut de sodiu
- 2 linguri pastă de roșii cu conținut scăzut de sodiu
- 1 lingura de coriandru tocat

Adrese:
1. Se încălzește o tigaie cu ulei la foc mediu-mare, se adaugă ceapa și usturoiul, se amestecă și se fierbe timp de 5 minute.
2. Adăugați carnea, amestecați și gătiți încă 5 minute.
3. Adăugați restul ingredientelor, amestecați, aduceți la fierbere, reduceți focul la mediu și gătiți amestecul încă 15 minute.
4. Împărțiți amestecul în farfurii și serviți imediat.

Nutriție: Calorii 281, grăsimi 11,2, fibre 1,4, carbohidrați 6,8, proteine 37,1

Maghiran de porc si dovlecel

Timp de preparare: 10 minute.
Timp de preparare: 30 minute.
Porții: 4

Ingrediente:
- 2 kilograme de muschi de porc dezosat, tăiate și tăiate cuburi
- 2 linguri de ulei de avocado
- ¾ cană bulion de legume cu conținut scăzut de sodiu
- ½ lingură pudră de usturoi
- 1 lingura busuioc tocat
- 2 dovlecei, tăiați cubulețe
- 1 lingurita boia dulce
- piper negru după gust

Adrese:
1. Se încălzește o tigaie cu ulei la foc mediu-mare, se adaugă carnea, praful de usturoi și maghiranul, se amestecă și se fierbe timp de 10 minute.
2. Adaugati dovleceii si celelalte ingrediente, amestecati, aduceti la fiert, reduceti focul la mediu si gatiti amestecul inca 20 de minute.
3. Împărțiți totul în farfurii și serviți.

Nutriție: Calorii 359, grăsimi 9,1, fibre 2,1, carbohidrați 5,7, proteine 61,4

carne de porc condimentată

Timp de preparare: 10 minute.
Timp de preparare: 8 ore.
Porții: 4

Ingrediente:
- 3 linguri de ulei de măsline
- 2 kilograme de muschie de porc fripta
- 2 lingurite boia dulce
- 1 lingurita praf de usturoi
- 1 lingurita praf de ceapa
- 1 lingurita nucsoara macinata
- 1 lingurita ienibahar, macinata
- piper negru după gust
- 1 cană bulion de legume cu conținut scăzut de sodiu

Adrese:
1. În aragazul lent, combinați friptura cu ulei și alte ingrediente, amestecați, acoperiți și gătiți la foc mic timp de 8 ore.
2. Tăiați friptura în felii, împărțiți-le în farfurii și serviți cu sucul de gătit presărat deasupra.

Nutriție: Calorii 689, grăsimi 57,1, fibre 1, carbohidrați 3,2, proteine 38,8

Carne de porc cu nucă de cocos și țelină

Timp de preparare: 10 minute.
Timp de gătire: 35 minute.
Porții: 4

Ingrediente:
- 2 kg carne de porc friptă, tăiată cubulețe
- 2 linguri de ulei de măsline
- 1 cană bulion de legume cu conținut scăzut de sodiu
- 1 tulpină de țelină tocată
- 1 lingurita piper negru
- 2 salote tocate
- 1 lingura arpagic tocat
- 1 cana crema de cocos
- piper negru după gust

Adrese:
1. Se incinge o tigaie cu ulei la foc mediu, se adauga salota si carnea, se amesteca si se rumenesc 5 minute.
2. Adăugați țelina și alte ingrediente, amestecați, aduceți la fierbere și fierbeți la foc mediu încă 30 de minute.
3. Împărțiți totul în farfurii și serviți imediat.

Nutriție: Calorii 690, grăsimi 43,3, fibre 1,8, carbohidrați 5,7, proteine 6,2

Mix de porc și roșii

Timp de preparare: 10 minute.
Timp de preparare: 30 minute.
Porții: 4

Ingrediente:
- 2 catei de usturoi tocati
- 2 kg carne de porc friptă, tocată
- 2 căni de roșii cherry, tăiate la jumătate
- 1 lingura de ulei de masline
- piper negru după gust
- 1 ceapa rosie tocata
- ½ cană bulion de legume cu conținut scăzut de sodiu
- 2 linguri pastă de roșii cu conținut scăzut de sodiu
- 1 lingura de patrunjel tocat

Adrese:
1. Se incinge o tigaie cu ulei de masline la foc mediu, se adauga ceapa si usturoiul, se amesteca si se calesc 5 minute.
2. Se adauga carnea si se rumeneste inca 5 minute.
3. Adăugați restul ingredientelor, amestecați, aduceți la fierbere, fierbeți la foc mediu încă 20 de minute, împărțiți în boluri și serviți.

Nutriție: calorii 558, grăsimi 25,6, fibre 2,4, carbohidrați 10,1, proteine 68,7

Cotlete de porc cu salvie

Timp de preparare: 10 minute.
Timp de gătire: 35 minute.
Porții: 4

Ingrediente:
- 4 cotlete de porc
- 2 linguri de ulei de măsline
- 1 lingurita boia afumata
- 1 lingură de salvie tocată
- 2 catei de usturoi tocati
- 1 lingura suc de lamaie
- piper negru după gust

Adrese:
1. Într-o tavă de copt, aruncați cotletele de porc cu ulei și ingredientele rămase, amestecați, puneți la cuptor și coaceți la 400 de grade F timp de 35 de minute.
2. Împărțiți cotletele de porc în farfurii și serviți cu o salată.

Nutriție: Calorii 263, grăsimi 12,4, fibre 6, carbohidrați 22,2, proteine 16

Carne de porc thailandeză și vinete

Timp de preparare: 10 minute.
Timp de preparare: 30 minute.
Porții: 4

Ingrediente:
- 1 kg carne de porc fiartă, tăiată cubulețe
- 1 vinete in cuburi
- 1 lingură aminoacizi de cocos
- 1 lingurita cinci condimente
- 2 catei de usturoi tocati
- 2 ardei iute thailandezi, tocat
- 2 linguri de ulei de măsline
- 2 linguri pastă de roșii cu conținut scăzut de sodiu
- 1 lingura de coriandru tocat
- ½ cană bulion de legume cu conținut scăzut de sodiu

Adrese:
1. Se incinge o tigaie cu ulei la foc mediu-mare, se adauga usturoiul, ardeii si carnea si se rumenesc timp de 6 minute.
2. Adăugați vinetele și alte ingrediente, aduceți la fiert și fierbeți la foc mediu timp de 24 de minute.
3. Împărțiți amestecul în farfurii și serviți.

Nutriție: Calorii 320, grăsimi 13,4, fibre 5,2, carbohidrați 22,8, proteine 14

arpagic de porc

Timp de preparare: 10 minute.
Timp de preparare: 30 minute.
Porții: 4

Ingrediente:
- 2 linguri de suc de lamaie
- 4 arpagic tocat
- 1 kg carne de porc fiartă, tăiată cubulețe
- 2 catei de usturoi tocati
- 2 linguri de ulei de măsline
- piper negru după gust
- ½ cană bulion de legume cu conținut scăzut de sodiu
- 1 lingura de coriandru tocat

Adrese:
1. Se incinge o tigaie cu ulei de masline la foc mediu, se adauga arpagicul si usturoiul, se amesteca si se calesc 5 minute.
2. Adăugați carnea, amestecați și gătiți încă 5 minute.
3. Adăugați celelalte ingrediente, aduceți la fiert și fierbeți la foc mediu timp de 20 de minute.
4. Împărțiți amestecul în farfurii și serviți.

Nutriție: Calorii 273, grăsimi 22,4, fibre 5, carbohidrați 12,5, proteine 18

balsamic de porc

Timp de preparare: 10 minute.
Timp de preparare: 30 minute.
Porții: 4

Ingrediente:
- 1 ceapa rosie feliata
- 1 kg carne de porc fiartă, tăiată cubulețe
- 2 ardei rosii tocati
- 2 linguri de otet balsamic
- ½ cană frunze de coriandru tocate
- piper negru după gust
- 2 linguri de ulei de măsline
- 1 lingură sos de roșii cu conținut scăzut de sodiu

Adrese:
1. Se incinge o tigaie cu ulei la foc mediu, se adauga ceapa si ardeii, se amesteca si se fierbe 5 minute.
2. Adăugați carnea, amestecați și gătiți încă 5 minute.
3. Adăugați restul ingredientelor, amestecați, aduceți la fiert și fierbeți la foc mediu încă 20 de minute.
4. Împărțiți totul în farfurii și serviți imediat.

Nutriție: calorii 331, grăsimi 13,3, fibre 5, carbohidrați 22,7, proteine 17

carne de porc pesto

Timp de preparare: 10 minute.
Timp de gătire: 36 minute.
Porții: 4

Ingrediente:
- 2 linguri de ulei de măsline
- 2 arpagic tocat
- 500 g cotlete de porc
- 2 linguri pesto de busuioc
- 1 cană de roșii cherry, tăiate cubulețe
- 2 linguri pastă de roșii cu conținut scăzut de sodiu
- ½ cana patrunjel tocat
- ½ cană bulion de legume cu conținut scăzut de sodiu
- piper negru după gust

Adrese:
1. Se incinge o tigaie cu ulei la foc mediu-mare, se adauga ceapa primavara si cotletele de porc si se rumenesc 3 minute pe fiecare parte.
2. Adăugați pesto și ingredientele rămase, amestecați ușor, aduceți la fierbere și gătiți la foc mediu încă 30 de minute.
3. Împărțiți totul în farfurii și serviți.

Nutriție: calorii 293, grăsimi 11,3, fibre 4,2, carbohidrați 22,2, proteine 14

Ardei de porc și pătrunjel

Timp de preparare: 10 minute.
Timp de gătire: 1 oră.
Porții: 4

Ingrediente:
- 1 ardei verde tocat
- 1 ardei rosu tocat
- 1 ardei galben tocat
- 1 ceapa rosie tocata
- 500 g cotlete de porc
- 1 lingura de ulei de masline
- piper negru după gust
- 26 uncii roșii conservate nesărate, tocate
- 2 linguri de patrunjel tocat

Adrese:
1. Se unge cu ulei o tava de copt, se aseaza cotletele de porc si se adauga deasupra celelalte ingrediente.
2. Coaceți la 390 de grade F timp de 1 oră, împărțiți totul între farfurii și serviți.

Nutriție: calorii 284, grăsimi 11,6, fibre 2,6, carbohidrați 22,2, proteine 14

amestec de chimen și miel

Timp de preparare: 10 minute.
Timp de preparare: 25 minute.
Porții: 4

Ingrediente:
- 1 lingura de ulei de masline
- 1 ceapa rosie tocata
- 1 cană de roșii cherry, tăiate în jumătate
- 1 kg carne de miel fiartă, măcinată
- 1 lingură pudră de chili
- piper negru după gust
- 2 lingurite chimen macinat
- 1 cană bulion de legume cu conținut scăzut de sodiu
- 2 linguri coriandru tocat

Adrese:
1. Se incinge tigaia cu ulei la foc mediu-mare, se adauga ceapa, mielul si praful de chili, se amesteca si se fierbe 10 minute.
2. Adăugați restul ingredientelor, amestecați, fierbeți la foc mediu încă 15 minute.
3. Împărțiți în boluri și serviți.

Nutriție: Calorii 320, grăsimi 12,7, fibre 6, carbohidrați 14,3, proteine 22

Carne de porc cu ridichi și fasole verde

Timp de preparare: 10 minute.
Timp de gătire: 35 minute.
Porții: 4

Ingrediente:
- 1 kg carne de porc fiartă, tăiată cubulețe
- 1 cană ridichi, tăiate cubulețe
- ½ kilogram de fasole verde, tăiată și tăiată la jumătate
- 1 ceapa galbena tocata
- 1 lingura de ulei de masline
- 2 catei de usturoi tocati
- 1 cana rosii conservate, nesarate si tocate
- 2 lingurite de oregano uscat
- piper negru după gust

Adrese:
1. Se încălzește o tigaie cu ulei la foc mediu-mare, se adaugă ceapa și usturoiul, se amestecă și se fierbe timp de 5 minute.
2. Adăugați carnea, amestecați și gătiți încă 5 minute.
3. Adăugați celelalte ingrediente, aduceți la fiert și fierbeți la foc mediu timp de 25 de minute.
4. Împărțiți totul în boluri și serviți.

Nutriție: Calorii 289, grăsimi 12, fibre 8, carbohidrați 13,2, proteine 20

Miel cu fenicul și ciuperci

Timp de preparare: 10 minute.
Timp de preparare: 40 de minute.
Porții: 4

Ingrediente:
- 1 kilogram de umăr de miel, dezosat și tăiat cubulețe
- 8 ciuperci albe, tăiate la jumătate
- 2 linguri de ulei de măsline
- 1 ceapa galbena tocata
- 2 catei de usturoi tocati
- 1 și ½ linguriță pudră de fenicul
- piper negru după gust
- O mână de arpagic tocat
- 1 cană bulion de legume cu conținut scăzut de sodiu

Adrese:
1. Se incinge o tigaie cu ulei de masline la foc mediu, se adauga ceapa si usturoiul, se amesteca si se calesc 5 minute.
2. Adăugați carnea și ciupercile, amestecați și gătiți încă 5 minute.
3. Adăugați celelalte ingrediente, amestecați, aduceți la fierbere și fierbeți la foc mediu timp de 30 de minute.
4. Împărțiți amestecul în boluri și serviți.

Nutriție: Calorii 290, grăsimi 15,3, fibre 7, carbohidrați 14,9, proteine 14

Tigaie cu carne de porc și spanac

Timp de preparare: 10 minute.
Timp de preparare: 30 minute.
Porții: 4

Ingrediente:
- 1 kilogram carne de porc, măcinată
- 2 linguri de ulei de măsline
- 1 ceapa rosie tocata
- ½ kilogram de spanac pentru copii
- 4 catei de usturoi, tocati
- ½ cană bulion de legume cu conținut scăzut de sodiu
- ½ cană de roșii conservate fără sare, tocate
- piper negru după gust
- 1 lingura arpagic tocat

Adrese:
1. Se încălzește o tigaie cu ulei la foc mediu-mare, se adaugă ceapa și usturoiul, se amestecă și se fierbe timp de 5 minute.
2. Se adauga carnea, se amesteca si se rumeneste inca 5 minute.
3. Adăugați restul ingredientelor, cu excepția spanacului, amestecați, aduceți la fierbere, reduceți căldura la mediu și gătiți timp de 15 minute.
4. Adăugați spanacul, amestecați, gătiți amestecul încă 5 minute, împărțiți totul în boluri și serviți.

Nutriție: Calorii 270, grăsimi 12, fibre 6, carbohidrați 22,2, proteine 23

Carne de porc cu avocado

Timp de preparare: 10 minute.
Timp de preparare: 15 minute.
Porții: 4

Ingrediente:
- 2 cesti baby spanac
- 1 kg muschi de porc, taiat fasii
- 1 lingura de ulei de masline
- 1 cană de roșii cherry, tăiate în jumătate
- 2 avocado, decojite, fără sâmburi și feliate
- 1 lingura de otet balsamic
- ½ cană bulion de legume cu conținut scăzut de sodiu

Adrese:
1. Se încălzește o tigaie cu ulei de măsline la foc mediu-mare, se adaugă carnea, se amestecă și se fierbe timp de 10 minute.
2. Adăugați spanacul și ingredientele rămase, amestecați, gătiți încă 5 minute, împărțiți în boluri și serviți.

Nutriție: Calorii 390, grăsimi 12,5, fibre 4, carbohidrați 16,8, proteine 13,5

Amestec de mere și carne de porc

Timp de preparare: 10 minute.
Timp de preparare: 40 de minute.
Porții: 4

Ingrediente:
- 2 kg carne de porc friptă, tăiată în fâșii
- 2 mere verzi, fără sâmburi și tăiate felii
- 2 catei de usturoi tocati
- 2 salote tocate
- 1 lingura boia dulce
- ½ linguriță de pudră de chili
- 2 linguri de ulei de avocado
- 1 cană bulion de pui cu conținut scăzut de sodiu
- piper negru după gust
- Un praf de fulgi de ardei rosu

Adrese:
1. Se incinge o tigaie cu ulei de masline la foc mediu, se adauga ceapa si usturoiul, se amesteca si se calesc 5 minute.
2. Se adauga carnea si se rumeneste inca 5 minute.
3. Adăugați merele și alte ingrediente, amestecați, aduceți la fierbere și fierbeți la foc mediu încă 30 de minute.
4. Împărțiți totul în farfurii și serviți.

Nutriție: calorii 365, grăsimi 7, fibre 6, carbohidrați 15,6, proteine 32,4

Cotlete de porc cu scorțișoară

Timp de preparare: 10 minute.
Timp de gătit: 1 oră și 10 minute
Porții: 4

Ingrediente:
- 4 cotlete de porc
- 2 linguri de ulei de măsline
- 2 catei de usturoi tocati
- ¼ cană bulion de legume cu conținut scăzut de sodiu
- 1 lingura de scortisoara pudra
- piper negru după gust
- 1 lingurita pudra de chili
- ½ lingurita praf de ceapa

Adrese:
1. Într-o tavă de copt, aruncați cotletele de porc cu ulei și ingredientele rămase, amestecați, puneți la cuptor și coaceți la 390 de grade F timp de 1 oră și 10 minute.
2. Împărțiți cotletele de porc în farfurii și serviți cu o salată.

Nutriție: calorii 288, grăsimi 5,5, fibre 6, carbohidrați 12,7, proteine 23

Cotlete de porc cu nucă de cocos

Timp de preparare: 10 minute.
Timp de preparare: 20 de minute.
Porții: 4

Ingrediente:
- 2 linguri de ulei de măsline
- 4 cotlete de porc
- 1 ceapa galbena tocata
- 1 lingură pudră de chili
- 1 cană lapte de cocos
- ¼ cană coriandru tocat

Adrese:
1. Se încălzește o tigaie cu ulei de măsline la foc mediu-mare, se adaugă ceapa și ardeiul, se amestecă și se prăjesc timp de 5 minute.
2. Adăugați cotletele de porc și rumeniți-le 2 minute pe fiecare parte.
3. Adăugați laptele de cocos, amestecați, aduceți la fierbere și fierbeți la foc mediu încă 11 minute.
4. Adăugați coriandru, amestecați, împărțiți totul în boluri și serviți.

Nutriție: calorii 310, grăsimi 8, fibre 6, carbohidrați 16,7, proteine 22,1

Carne de porc cu amestec de piersici

Timp de preparare: 10 minute.
Timp de preparare: 25 minute.
Porții: 4

Ingrediente:
- 2 kg de muschie de porc, taiata cubulete
- 2 piersici, fără sâmburi și tăiate în sferturi
- ¼ lingurita praf de ceapa
- 2 linguri de ulei de măsline
- ¼ lingurita boia afumata
- ¼ cană bulion de legume cu conținut scăzut de sodiu
- piper negru după gust

Adrese:
1. Se incinge o tigaie cu ulei la foc mediu, se adauga carnea, se amesteca si se fierbe 10 minute.
2. Adăugați piersicile și alte ingrediente, amestecați, aduceți la fiert și fierbeți la foc mediu încă 15 minute.
3. Împărțiți amestecul în farfurii și serviți.

Nutriție: calorii 290, grăsimi 11,8, fibre 5,4, carbohidrați 13,7, proteine 24

Miel cu cacao și ridichi

Timp de preparare: 10 minute.
Timp de gătire: 35 minute.
Porții: 4

Ingrediente:
- ½ cană bulion de legume cu conținut scăzut de sodiu
- 1 kg de carne de miel fiartă, tăiată cubulețe
- 1 cană ridichi, tăiate cubulețe
- 1 lingură de pudră de cacao
- piper negru după gust
- 1 ceapa galbena tocata
- 1 lingura de ulei de masline
- 2 catei de usturoi tocati
- 1 lingura de patrunjel tocat

Adrese:
1. Se încălzește o tigaie cu ulei de măsline la foc mediu-mare, se adaugă ceapa și usturoiul, se amestecă și se prăjesc timp de 5 minute.
2. Se adauga carnea, se amesteca si se rumeneste 2 minute pe fiecare parte.
3. Adăugați bulionul și alte ingrediente, amestecați, aduceți la fiert și fierbeți la foc mediu încă 25 de minute.
4. Împărțiți totul în farfurii și serviți.

Nutriție: Calorii 340, grăsimi 12,4, fibre 9,3, carbohidrați 33,14, proteine 20

Carne de porc cu lamaie si anghinare

Timp de preparare: 10 minute.
Timp de preparare: 25 minute.
Porții: 4

Ingrediente:
- 2 kg carne de porc friptă, tăiată în fâșii
- 2 linguri de ulei de avocado
- 1 lingura suc de lamaie
- 1 lingura coaja de lamaie
- 1 cana de anghinare din conserva, scursa si taiata in patru
- 1 ceapa rosie tocata
- 2 catei de usturoi tocati
- ½ linguriță de pudră de chili
- piper negru după gust
- 1 lingurita boia dulce
- 1 jalapeno tocat fin
- ¼ cană bulion de legume cu conținut scăzut de sodiu
- ¼ cană rozmarin tocat

Adrese:
1. Se încălzește o tigaie cu ulei de măsline la foc mediu-mare, se adaugă ceapa și usturoiul, se amestecă și se prăjesc timp de 4 minute.
2. Adăugați carnea de vită, anghinarea, pudra de chili, jalapeño și boia de ardei, amestecați și gătiți încă 6 minute.
3. Adăugați restul ingredientelor, amestecați, aduceți la fiert și fierbeți la foc mediu încă 15 minute.
4. Împărțiți întregul amestec în boluri și serviți.

Nutriție: Calorii 350, grăsimi 12, fibre 4,3, carbohidrați 35,7, proteine 14,5

Carne de porc cu sos de coriandru

Timp de preparare: 10 minute.
Timp de preparare: 20 de minute.
Porții: 4

Ingrediente:
- 2 kg carne de porc friptă, tăiată cubulețe
- 1 cană frunze de coriandru
- 4 linguri de ulei de măsline
- 1 lingura nuci de pin
- 1 lingură parmezan fără grăsime ras
- 1 lingura suc de lamaie
- 1 lingurita pudra de chili
- piper negru după gust

Adrese:
1. Într-un blender, combinați coriandru cu nucile de pin, 3 linguri de ulei, parmezan și suc de lămâie și pulsați bine.
2. Se incinge o tigaie cu uleiul ramas la foc mediu, se adauga carnea, praful de chili si piperul negru, se amesteca si se rumenesc 5 minute.
3. Adaugati sosul de coriandru si gatiti la foc mediu inca 15 minute, amestecand din cand in cand.
4. Împărțiți carnea de porc în farfurii și serviți imediat.

Nutriție: calorii 270, grăsimi 6,6, fibre 7, carbohidrați 12,6, proteine 22,4

Carne de porc cu amestec de mango

Timp de preparare: 10 minute.
Timp de preparare: 25 minute.
Porții: 4

Ingrediente:
- 2 salote tocate
- 2 linguri de ulei de avocado
- 1 kg carne de porc fiartă, tăiată cubulețe
- 1 mango, decojit și tăiat cubulețe
- 2 catei de usturoi tocati
- 1 cana rosii tocate
- piper negru după gust
- ½ cană busuioc tocat

Adrese:
1. Se incinge o tigaie cu ulei de masline la foc mediu, se adauga ceapa si usturoiul, se amesteca si se fierbe 5 minute.
2. Adăugați carnea, amestecați și gătiți încă 5 minute.
3. Adăugați restul ingredientelor, amestecați, aduceți la fiert și fierbeți la foc mediu încă 15 minute.
4. Împărțiți amestecul în boluri și serviți.

Nutriție: calorii 361, grăsimi 11, fibre 5,1, carbohidrați 16,8, proteine 22

Cartofi dulci de porc cu rozmarin si lamaie

Timp de preparare: 10 minute.
Timp de gătire: 35 minute.
Porții: 4

Ingrediente:
- 1 ceapă roșie, tăiată felii
- 2 cartofi dulci, curățați și tăiați felii
- 4 cotlete de porc
- 1 lingura de rozmarin tocat
- 1 lingura suc de lamaie
- 2 lingurite de ulei de masline
- piper negru după gust
- 2 lingurite de cimbru tocat
- ½ cană bulion de legume cu conținut scăzut de sodiu

Adrese:
1. Într-o tavă de copt, combinați cotletele de porc cu cartofii, ceapa și alte ingrediente și amestecați ușor.
2. Coaceți la 400 de grade F timp de 35 de minute, împărțiți totul între farfurii și serviți.

Nutriție: calorii 410, grăsimi 14,7, fibre 14,2, carbohidrați 15,3, proteine 33,4

Carne de porc cu naut

Timp de preparare: 10 minute.
Timp de preparare: 25 minute.
Porții: 4

Ingrediente:
- 1 kg carne de porc fiartă, tăiată cubulețe
- 1 cană de năut conservat, nesărat, scurs
- 1 ceapa galbena tocata
- 1 lingura de ulei de masline
- piper negru după gust
- 10 uncii de roșii conservate, nesărate și tocate
- 2 linguri coriandru tocat

Adrese:
1. Se încălzește o tigaie cu ulei de măsline la foc mediu-mare, se adaugă ceapa, se amestecă și se prăjește timp de 5 minute.
2. Adăugați carnea, amestecați și gătiți încă 5 minute.
3. Se adauga restul ingredientelor, se amesteca, se fierbe la foc mediu 15 minute, se imparte totul in boluri si se serveste.

Nutriție: Calorii 476, grăsimi 17,6, fibre 10,2, carbohidrați 35,7, proteine 43,8

Cotlete de miel cu kale

Timp de preparare: 10 minute.
Timp de gătire: 35 minute.
Porții: 4

Ingrediente:
- 1 cană de kale, mărunțită
- 500 g cotlete de miel
- ½ cană bulion de legume cu conținut scăzut de sodiu
- 2 linguri pastă de roșii cu conținut scăzut de sodiu
- 1 ceapă galbenă, feliată
- 1 lingura de ulei de masline
- Un praf de piper negru

Adrese:
1. Se unge cu ulei o tava de copt, se aseaza cotletele de miel, se adauga si varza si alte ingrediente si se amesteca usor.
2. Coaceți totul la 390 de grade F timp de 35 de minute, împărțiți între farfurii și serviți.

Nutriție: calorii 275, grăsimi 11,8, fibre 1,4, carbohidrați 7,3, proteine 33,6

miel cu piper

Timp de preparare: 10 minute.
Timp de preparare: 45 minute.
Porții: 4

Ingrediente:
- 2 kilograme de carne de miel înăbușită, tăiată cubulețe
- 1 lingura de ulei de avocado
- 1 lingurita pudra de chili
- 1 lingurita boia iute
- 2 cepe roșii, tocate
- 1 cană bulion de legume cu conținut scăzut de sodiu
- ½ cană sos de roșii cu conținut scăzut de sodiu
- 1 lingura de coriandru tocat

Adrese:
1. Se incinge o tigaie cu ulei de masline la foc mediu, se adauga ceapa si carnea si se rumenesc 10 minute.
2. Adăugați praful de chili și toate celelalte ingrediente, cu excepția coriandrului, amestecați, aduceți la fierbere și gătiți la foc mediu încă 35 de minute.
3. Împărțiți amestecul între boluri și serviți cu coriandru presărat deasupra.

Nutriție: Calorii 463, grăsimi 17,3, fibre 2,3, carbohidrați 8,4, proteine 65,1

Carne de porc cu praz cu boia

Timp de preparare: 10 minute.
Timp de preparare: 45 minute.
Porții: 4

Ingrediente:
- 2 kg carne de porc friptă, tăiată cubulețe
- 2 praz, feliat
- 2 linguri de ulei de măsline
- 2 catei de usturoi tocati
- 1 lingurita boia dulce
- 1 lingura de patrunjel tocat
- 1 cană bulion de legume cu conținut scăzut de sodiu
- piper negru după gust

Adrese:
1. Se incinge o tigaie cu ulei la foc mediu, se adauga prazul, usturoiul si boia, se amesteca si se fierbe 10 minute.
2. Se adauga carnea si se rumeneste inca 5 minute.
3. Adăugați ingredientele rămase, amestecați, gătiți la foc mediu timp de 30 de minute, împărțiți totul în boluri și serviți.

Nutriție: calorii 577, grăsimi 29,1, fibre 1,3, carbohidrați 8,2, proteine 67,5

Cotlete de porc și mazăre

Timp de preparare: 10 minute.
Timp de preparare: 25 minute.
Porții: 4

Ingrediente:
- 4 cotlete de porc
- 2 linguri de ulei de măsline
- 2 salote tocate
- 1 cană de mazăre
- 1 cană bulion de legume cu conținut scăzut de sodiu
- 2 linguri pasta de rosii nesarata
- 1 lingura de patrunjel tocat

Adrese:
1. Se încălzește o tigaie cu ulei la foc mediu, se adaugă șalota, se amestecă și se prăjește timp de 5 minute.
2. Adăugați cotletele de porc și rumeniți timp de 2 minute pe fiecare parte.
3. Adăugați celelalte ingrediente, aduceți la fiert și fierbeți la foc mediu timp de 15 minute.
4. Împărțiți amestecul în farfurii și serviți.

Nutriție: Calorii 357, grăsimi 27, fibre 1,9, carbohidrați 7,7, proteine 20,7

Carne de porc și porumb

Timp de preparare: 10 minute.
Timp de gătire: 1 oră.
Porții: 4

Ingrediente:
- 4 cotlete de porc
- 1 cană bulion de legume cu conținut scăzut de sodiu
- 1 cană de porumb
- 1 lingură mentă tocată
- 1 lingurita boia dulce
- piper negru după gust
- 1 lingura de ulei de masline

Adrese:
1. Puneți cotletele de porc pe o foaie de copt, adăugați restul ingredientelor, amestecați, dați la cuptor și coaceți la 380 de grade F timp de 1 oră.
2. Împărțiți totul în farfurii și serviți.

Nutriție: Calorii 356, grăsimi 14, fibre 5,4, carbohidrați 11,0, proteină 1

miel cu mărar

Timp de preparare: 10 minute.
Timp de preparare: 25 minute.
Porții: 4

Ingrediente:
- suc de 2 lămâi
- 1 lingura coaja de lamaie
- 1 lingura de marar tocat
- 2 catei de usturoi tocati
- 2 linguri de ulei de măsline
- 2 kg carne de miel, tăiată cubulețe
- 1 cana coriandru tocat
- piper negru după gust

Adrese:
1. Se incinge o tigaie cu ulei la foc mediu-mare, se adauga usturoiul si carnea si se rumenesc 4 minute pe fiecare parte.
2. Adăugați sucul de lămâie și alte ingrediente și gătiți încă 15 minute, amestecând continuu.
3. Împărțiți totul în farfurii și serviți.

Nutriție: Calorii 370, grăsimi 11,7, fibre 4,2, carbohidrați 8,9, proteine 20

Cotlete de porc cu ienibahar și măsline

Timp de preparare: 10 minute.
Timp de gătire: 35 minute.
Porții: 4

Ingrediente:
- 4 cotlete de porc
- 2 linguri de ulei de măsline
- 1 cană măsline kalamata, fără sâmburi și tăiate la jumătate
- 1 lingurita ienibahar, macinata
- ¼ cană lapte de cocos
- 1 ceapa galbena tocata
- 1 lingura arpagic tocat

Adrese:
1. Se incinge o tigaie cu ulei de masline la foc mediu, se adauga ceapa si carnea si se rumenesc 4 minute pe fiecare parte.
2. Adăugați restul ingredientelor, amestecați ușor, puneți la cuptor și coaceți la 390 de grade F pentru încă 25 de minute.
3. Împărțiți totul în farfurii și serviți.

Nutriție: Calorii 290, grăsimi 10, fibre 4,4, carbohidrați 7,8, proteine 22

Cotlete italiene de miel

Timp de preparare: 10 minute.
Timp de preparare: 30 minute.
Porții: 4

Ingrediente:
- 4 cotlete de miel
- 1 lingură de oregano tocat
- 1 lingura de ulei de masline
- 1 ceapa galbena tocata
- 2 linguri parmezan slab ras
- 1/3 cană bulion de legume cu conținut scăzut de sodiu
- piper negru după gust
- 1 lingurita condimente italiene

Adrese:
1. Se incinge o tigaie cu ulei la foc mediu-mare, se adauga cotletele de miel si ceapa si se rumenesc 4 minute pe fiecare parte.
2. Adăugați celelalte ingrediente, cu excepția brânzei, și amestecați.
3. Presărați brânza deasupra, puneți foaia de copt în cuptor și coaceți la 350 de grade F timp de 20 de minute.
4. Împărțiți totul în farfurii și serviți.

Nutriție: Calorii 280, grăsimi 17, fibre 5,5, carbohidrați 11,2, proteine 14

Orez cu carne de porc si oregano

Timp de preparare: 10 minute.
Timp de gătire: 35 minute.
Porții: 4

Ingrediente:
- 1 lingura de ulei de masline
- 1 kg carne de porc fiartă, tăiată cubulețe
- 1 lingură de oregano tocat
- 1 cană de orez alb
- 2 căni de supă de pui cu conținut scăzut de sodiu
- piper negru după gust
- 2 catei de usturoi tocati
- suc de ½ lămâie
- 1 lingura de coriandru tocat

Adrese:
1. Se incinge o tigaie cu ulei de masline la foc mediu, se adauga carnea si usturoiul si se rumenesc 5 minute.
2. Adăugați orezul, bulionul și alte ingrediente, aduceți la fiert și fierbeți la foc mediu timp de 30 de minute.
3. Împărțiți totul în farfurii și serviți.

Nutriție: Calorii 330, grăsimi 13, fibre 5,2, carbohidrați 13,4, proteine 22,2

găluște de porc

Timp de preparare: 10 minute.
Timp de preparare: 30 minute.
Porții: 4

Ingrediente:
- 3 linguri de faina de migdale
- 2 linguri de ulei de avocado
- 2 oua batute
- piper negru după gust
- 2 kilograme de carne de porc, tocată
- 1 lingura de coriandru tocat
- 10 uncii sos de roșii conservat, fără sare adăugată

Adrese:
1. Intr-un castron amestecam carnea de porc cu faina si celelalte ingrediente, mai putin sosul si uleiul, amestecam bine si formam chiftele de marime medie cu acest amestec.
2. Se incinge o tigaie cu ulei la foc mediu, se adauga chiftelele si se rumenesc 3 minute pe fiecare parte, se adauga sosul, se amesteca usor, se da in clocot si se fierbe la foc mediu inca 20 de minute.
3. Împărțiți totul în boluri și serviți.

Nutriție: calorii 332, grăsimi 18, fibre 4, carbohidrați 14,3, proteine 25

Carne de porc și andive

Timp de preparare: 10 minute.
Timp de gătire: 35 minute.
Porții: 4

Ingrediente:
- 1 kg carne de porc fiartă, tăiată cubulețe
- 2 andive, feliate și rase
- 1 cană bulion de vită cu conținut scăzut de sodiu
- 1 lingurita pudra de chili
- Un praf de piper negru
- 1 ceapa rosie tocata
- 1 lingura de ulei de masline

Adrese:
1. Se incinge o tigaie cu ulei la foc mediu, se adauga ceapa si andivele, se amesteca si se fierbe 5 minute.
2. Adăugați carnea, amestecați și gătiți încă 5 minute.
3. Adăugați restul ingredientelor, aduceți la fiert și fierbeți la foc mediu încă 25 de minute.
4. Împărțiți totul în farfurii și serviți.

Nutriție: Calorii 330, grăsimi 12,6, fibre 4,2, carbohidrați 10, proteine 22

Ridiche de porc și arpagic

Timp de preparare: 10 minute.
Timp de gătire: 35 minute.
Porții: 4

Ingrediente:
- 1 cană ridichi, tăiate cubulețe
- 1 kg carne de porc fiartă, tăiată cubulețe
- 1 lingura de ulei de masline
- 1 ceapa rosie tocata
- 1 cană roșii conservate nesărate, zdrobite
- 1 lingura arpagic tocat
- 2 catei de usturoi tocati
- piper negru după gust
- 1 lingurita otet balsamic

Adrese:
1. Se incinge o tigaie cu ulei de masline la foc mediu, se adauga ceapa si usturoiul, se amesteca si se calesc 5 minute.
2. Se adauga carnea si se rumeneste inca 5 minute.
3. Adăugați ridichile și alte ingrediente, aduceți la fiert și fierbeți la foc mediu încă 25 de minute.
4. Împărțiți totul în boluri și serviți.

Nutriție: calorii 274, grăsimi 14, fibre 3,5, carbohidrați 14,8, proteine 24,1

Chiftelușe de spanac cu mentă

Timp de preparare: 10 minute.
Timp de preparare: 25 minute.
Porții: 4

Ingrediente:
- 1 kg carne de porc fiartă, măcinată
- 1 ceapa galbena tocata
- 1 ou bătut
- 1 lingură mentă tocată
- piper negru după gust
- 2 catei de usturoi tocati
- 2 linguri de ulei de măsline
- 1 cană de roșii cherry, tăiate în jumătate
- 1 cană baby spanac
- ½ cană bulion de legume cu conținut scăzut de sodiu

Adrese:

1. Intr-un castron amestecam carnea cu ceapa si celelalte ingrediente, mai putin uleiul de masline, rosiile cherry si spanacul, amestecam bine si formam chiftele de marime medie cu acest amestec.
2. Se încălzește o tigaie cu ulei de măsline la foc mediu-mare, se adaugă chiftelele și se fierbe 5 minute pe fiecare parte.
3. Adăugați spanacul, roșiile și bulionul, amestecați, fierbeți totul timp de 15 minute.
4. Împărțiți totul în boluri și serviți.

Nutriție: Calorii 320, grăsimi 13,4, fibre 6, carbohidrați 15,8, proteine 12

Chiftele și sos de nucă de cocos

Timp de preparare: 10 minute.
Timp de preparare: 20 de minute.
Porții: 4

Ingrediente:
- 2 kilograme de carne de porc, tocată
- piper negru după gust
- ¾ cană de făină de migdale
- 2 oua batute
- 1 lingura de patrunjel tocat
- 2 cepe roșii tocate
- 2 linguri de ulei de măsline
- ½ cană cremă de cocos
- piper negru după gust

Adrese:
1. Intr-un bol se amesteca carnea de porc cu faina de migdale si celelalte ingrediente in afara de ceapa, uleiul si smantana, se amesteca bine si se modeleaza chiftele de marime medie cu acest amestec.
2. Se incinge o tigaie cu ulei la foc mediu, se adauga ceapa, se amesteca si se caleste 5 minute.
3. Adăugați chiftelele și gătiți încă 5 minute.
4. Adăugați crema de cocos, aduceți la fierbere, gătiți încă 10 minute, împărțiți în boluri și serviți.

Nutriție: calorii 435, grăsimi 23, fibre 14, carbohidrați 33,2, proteine 12,65

Linte și carne de porc cu turmeric

Timp de preparare: 10 minute.
Timp de preparare: 25 minute.
Porții: 4

Ingrediente:
- 1 kg carne de porc fiartă, tăiată cubulețe
- ½ cană sos de roșii nesărat
- 1 ceapa galbena tocata
- 2 linguri de ulei de măsline
- 1 cană linte conservată nesărată, scursă
- 1 lingurita praf de curry
- 1 lingurita pudra de turmeric
- piper negru după gust

Adrese:
1. Se incinge o tigaie cu ulei la foc mediu-mare, se adauga ceapa si carnea si se rumenesc 5 minute.
2. Adăugați sosul și alte ingrediente, amestecați, gătiți la foc mediu timp de 20 de minute, împărțiți totul în boluri și serviți.

Nutriție: calorii 367, grăsimi 23, fibre 6,9, carbohidrați 22,1, proteine 22

miel sot

Timp de preparare: 10 minute.
Timp de preparare: 25 minute.
Porții: 4

Ingrediente:
- 1 kg carne tocată de miel
- 1 lingura de ulei de avocado
- 1 ardei rosu taiat fasii
- 1 ceapa rosie feliata
- 2 roșii, tăiate cubulețe
- 1 morcov în cuburi
- 2 bulbi de fenicul, feliati
- piper negru după gust
- 2 linguri de otet balsamic
- 1 lingura de coriandru tocat

Adrese:
1. Se incinge o tigaie cu ulei la foc mediu-mare, se adauga ceapa si carnea si se rumenesc 5 minute.
2. Adăugați ardeiul gras și ingredientele rămase, amestecați, gătiți la foc mediu încă 20 de minute, împărțiți în boluri și serviți imediat.

Nutriție: Calorii 367, grăsimi 14,3, fibre 4,3, carbohidrați 15,8, proteine 16

Carne de porc cu sfeclă roșie

Timp de preparare: 10 minute.
Timp de preparare: 30 minute.
Porții: 4

Ingrediente:
- 1 kilogram carne de porc, tăiată cubulețe
- 2 sfeclă roșie mici, decojite și tăiate cubulețe
- 2 linguri de ulei de măsline
- 1 ceapa galbena tocata
- 2 catei de usturoi tocati
- Sare si piper negru dupa gust
- ½ cană de cremă de cocos.

Adrese:
1. Se încălzește o tigaie cu ulei la foc mediu-mare, se adaugă ceapa și usturoiul, se amestecă și se fierbe timp de 5 minute.
2. Se adauga carnea si se rumeneste inca 5 minute.
3. Adăugați celelalte ingrediente, aduceți la fiert și fierbeți la foc mediu timp de 20 de minute.
4. Împărțiți amestecul în farfurii și serviți.

Nutriție: Calorii 311, grăsimi 14,3, fibre 4,5, carbohidrați 15,2, proteine 17

miel și varză

Timp de preparare: 10 minute.
Timp de gătire: 35 minute.
Porții: 4

Ingrediente:
- 2 linguri de ulei de avocado
- 1 kilogram de carne de miel înăbușită, tăiată cubulețe grosiere
- 1 varză verde, tocată
- 1 cana rosii conservate nesarate, tocate
- 1 ceapa galbena tocata
- 1 lingurita de cimbru uscat
- piper negru după gust
- 2 catei de usturoi tocati

1. **Adrese:**
2. Se încălzește o tigaie cu ulei de măsline la foc mediu-mare, se adaugă ceapa și usturoiul și se prăjesc timp de 5 minute.
3. Se adauga carnea si se rumeneste inca 5 minute.
4. Adăugați restul ingredientelor, amestecați, aduceți la fiert și fierbeți la foc mediu încă 25 de minute.
5. Împărțiți totul în farfurii și serviți.

Nutriție: Calorii 325, grăsimi 11, fibre 6,1, carbohidrați 11,7, proteine 16

Miel cu porumb și bame

Timp de preparare: 10 minute.
Timp de preparare: 30 minute.
Porții: 4

Ingrediente:
- 1 kilogram de carne de miel înăbușită, tăiată cubulețe grosiere
- 1 ceapa galbena tocata
- 2 catei de usturoi tocati
- 2 linguri de ulei de avocado
- 1 cană de bame, tocată
- 1 cană de porumb
- 1 cană bulion de legume cu conținut scăzut de sodiu
- 1 lingura de patrunjel tocat

Adrese:
1. Se incinge o tigaie cu ulei de masline la foc mediu-mare, se adauga ceapa si usturoiul, se amesteca si se calesc 5 minute.
2. Adăugați carnea, amestecați și gătiți încă 5 minute.
3. Adăugați restul ingredientelor, amestecați, aduceți la fiert și fierbeți la foc mediu timp de 20 de minute.
4. Împărțiți totul în boluri și serviți.

Nutriție: Calorii 314, grăsimi 12, fibre 4,4, carbohidrați 13,3, proteine 17

Carne de porc cu muştar şi tarhon

Timp de preparare: 10 minute.
Timp de preparare: 8 ore.
Porţii: 4

Ingrediente:
- 2 kg carne de porc friptă, feliată
- 2 linguri de ulei de măsline
- piper negru după gust
- 1 lingura tarhon tocat
- 2 salote tocate
- 1 cană bulion de legume cu conţinut scăzut de sodiu
- 1 lingura de cimbru tocat
- 1 lingura de mustar

Adrese:
1. Într-un aragaz lent, combinaţi friptura cu piper negru şi ingredientele rămase, acoperiţi şi gătiţi la foc mic timp de 8 ore.
2. Împărţiţi friptura de porc în farfurii, stropiţi sosul de muştar pe toate părţile şi serviţi.

Nutriţie: Calorii 305, grăsimi 14,5, fibre 5,4, carbohidraţi 15,7, proteine 18

Carne de porc cu varza si capere

Timp de preparare: 10 minute.
Timp de gătire: 35 minute.
Porții: 4

Ingrediente:
- 2 linguri de ulei de măsline
- 1 cană bulion de legume cu conținut scăzut de sodiu
- 2 linguri capere, scurse
- 500 g cotlete de porc
- 1 cană de muguri de fasole
- 1 ceapă galbenă, tăiată felii
- piper negru după gust

Adrese:
1. Se incinge o tigaie cu ulei la foc mediu-mare, se adauga ceapa si carnea si se rumenesc 5 minute.
2. Adăugați restul ingredientelor, puneți foaia de copt în cuptor și coaceți la 390 de grade F timp de 30 de minute.
3. Împărțiți totul în farfurii și serviți.

Nutriție: calorii 324, grăsimi 12,5, fibre 6,5, carbohidrați 22,2, proteine 15,6

Carne de porc cu varza de Bruxelles

Timp de preparare: 10 minute.
Timp de gătire: 35 minute.
Porții: 4

Ingrediente:
- 2 kg carne de porc friptă, tăiată cubulețe
- ¼ cană sos de roșii cu conținut scăzut de sodiu
- piper negru după gust
- ½ liră varză de Bruxelles, tăiată în jumătate
- 1 lingura de ulei de masline
- 2 arpagic tocat
- 1 lingura de coriandru tocat

Adrese:
1. Se incinge o tigaie cu ulei la foc mediu-mare, se adauga ceapa si varza si se rumenesc 5 minute.
2. Adăugați carnea și alte ingrediente, aduceți la fiert și fierbeți la foc mediu încă 30 de minute.
3. Împărțiți totul în farfurii și serviți.

Nutriție: calorii 541, grăsimi 25,6, fibre 2,6, carbohidrați 6,5, proteine 68,7

Amestec fierbinte de porc și fasole verde

Timp de preparare: 10 minute.
Timp de preparare: 20 de minute.
Porții: 4

Ingrediente:
- 1 ceapa galbena tocata
- 2 kilograme de carne de porc, tăiată în fâșii
- ½ kilogram de fasole verde, tăiată și tăiată la jumătate
- 1 ardei rosu tocat
- piper negru după gust
- 1 lingura de ulei de masline
- ¼ cană ardei gras roșu tocat
- 1 cană bulion de legume cu conținut scăzut de sodiu

Adrese:
1. Se încălzește o tigaie cu ulei de măsline la foc mediu-mare, se adaugă ceapa și se prăjește timp de 5 minute.
2. Se adauga carnea si se rumeneste inca 5 minute.
3. Adăugați restul ingredientelor, amestecați, gătiți 10 minute la foc mediu, împărțiți în farfurii și serviți.

Nutriție: calorii 347, grăsimi 24,8, fibre 3,3, carbohidrați 18,1, proteine 15,2

Miel cu Quinoa

Timp de preparare: 10 minute.
Timp de preparare: 30 minute.
Porții: 4

Ingrediente:
    1 cană de quinoa
    2 căni de supă de pui cu conținut scăzut de sodiu
    1 lingura de ulei de masline
    1 cana crema de cocos
    2 kilograme de carne de miel înăbușită, tăiată cubulețe
    2 salote tocate
    2 catei de usuroi tocati
    piper negru după gust
    Un praf de fulgi de ardei rosu macinati

Adrese:
1. Se încălzește o tigaie cu ulei de măsline la foc mediu-mare, se adaugă șalota și usturoiul, se amestecă și se prăjesc timp de 5 minute.
2. Se adauga carnea si se rumeneste inca 5 minute.
3. Adăugați restul ingredientelor, amestecați, aduceți la fierbere, reduceți focul la mediu și gătiți timp de 20 de minute.
4. Împărțiți bolurile și serviți.

Nutriție: calorii 755, grăsimi 37, fibre 4,4, carbohidrați 32, proteine 71,8

Pâine de miel și bok choy

Timp de preparare: 10 minute.
Timp de preparare: 30 minute.
Porții: 4

Ingrediente:
- 1 cană bulion de pui cu conținut scăzut de sodiu
- 1 cană de varză chinezească, mărunțită
- 1 kilogram de carne de miel înăbușită, tăiată cubulețe grosiere
- 2 linguri de ulei de avocado
- 1 ceapa galbena tocata
- 1 morcov tocat
- piper negru după gust

Adrese:
1. Se incinge o tigaie cu ulei la foc mediu-mare, se adauga ceapa si morcovul si se calesc 5 minute.
2. Se adauga carnea si se rumeneste inca 5 minute.
3. Adăugați celelalte ingrediente, aduceți la fiert și fierbeți la foc mediu timp de 20 de minute.
4. Împărțiți totul în farfurii și serviți.

Nutriție: Calorii 360, grăsimi 14,5, fibre 5, carbohidrați 22,4, proteine 16

Carne de porc cu bame și măsline

Timp de preparare: 10 minute.
Timp de gătire: 35 minute.
Porții: 4

Ingrediente:
- ½ cană bulion de legume cu conținut scăzut de sodiu
- 1 cană de bame, tocată
- 1 cană măsline negre fără sâmburi și tăiate la jumătate
- 2 linguri de ulei de măsline
- 4 cotlete de porc
- 1 ceapă roșie, tăiată felii
- piper negru după gust
- ½ lingură fulgi de ardei roșu
- 3 linguri de aminoacizi de cocos

Adrese:
1. Ungeți o tavă de copt cu ulei și puneți înăuntru cotletele de porc.
2. Adăugați restul ingredientelor, amestecați ușor și coaceți la 390 de grade F timp de 35 de minute.
3. Împărțiți totul în farfurii și serviți.

Nutriție: Calorii 310, grăsimi 14,6, fibre 6, carbohidrați 20,4, proteine 16

Orz de porc și capere

Timp de preparare: 10 minute.
Timp de gătire: 35 minute.
Porții: 4

Ingrediente:
- 1 cană de orz
- 2 căni de supă de pui cu conținut scăzut de sodiu
- 1 kg carne de porc fiartă, tăiată cubulețe
- 1 ceapa rosie feliata
- 1 lingura de ulei de masline
- piper negru după gust
- 1 lingurita pudra de schinduf
- 1 lingura arpagic tocat
- 1 lingura capere, scurse

Adrese:
1. Se incinge o tigaie cu ulei la foc mediu-mare, se adauga ceapa si carnea si se rumenesc 5 minute.
2. Adăugați orz și alte ingrediente, amestecați, gătiți la foc mediu timp de 30 de minute.
3. Împărțiți totul în boluri și serviți.

Nutriție: calorii 447, grăsimi 15,6, fibre 8,6, carbohidrați 36,5, proteine 39,8

Mix de porc și arpagic

Timp de preparare: 10 minute.
Timp de preparare: 40 de minute.
Porții: 5

Ingrediente:
- 1 kilogram carne de porc, tăiată cubulețe
- 1 lingura de ulei de avocado
- 1 ceapa galbena tocata
- 1 legatura de ceapa verde tocata
- 4 catei de usturoi, tocati
- 1 cană sos de roșii cu conținut scăzut de sodiu
- piper negru după gust

Adrese:
1. Se încălzește o tigaie cu ulei la foc mediu-mare, se adaugă ceapa și arpagicul, se amestecă și se fierbe timp de 5 minute.
2. Adăugați carnea, amestecați și gătiți încă 5 minute.
3. Adăugați restul ingredientelor, amestecați și gătiți la foc mediu încă 30 de minute.
4. Împărțiți totul în boluri și serviți.

Nutriție: calorii 206, grăsimi 8,6, fibre 1,8, carbohidrați 7,2, proteine 23,4

Nucșoară de porc și fasole neagră

Timp de preparare: 5 minute.
Timp de preparare: 40 de minute.
Porții: 8

Ingrediente:
- 2 linguri de ulei de măsline
- 1 cana fasole neagra conservata, nesarata, scursa
- 1 ceapa galbena tocata
- 1 cana rosii conservate nesarate, tocate
- 2 kg carne de porc friptă, tăiată cubulețe
- 2 catei de usturoi tocati
- piper negru după gust
- ½ lingurita de nucsoara macinata

Adrese:
1. Se incinge o tigaie cu ulei de masline la foc mediu, se adauga ceapa si usturoiul si se calesc 5 minute.
2. Adăugați carnea, amestecați și gătiți încă 5 minute.
3. Adăugați restul ingredientelor, amestecați, aduceți la fiert și fierbeți la foc mediu timp de 30 de minute.
4. Împărțiți amestecul în boluri și serviți.

Nutriție: calorii 365, grăsimi 14,9, fibre 4,3, carbohidrați 17,6, proteine 38,8

salata de somon si piersici

Timp de preparare: 10 minute.
Timp de preparare: 0 minute.
Porții: 4

Ingrediente:
- 2 fileuri de somon afumat, dezosate, fara piele si taiate cubulete
- 2 piersici fără sâmburi și tăiate cubulețe
- 1 lingurita ulei de masline
- Un praf de piper negru
- 2 cesti baby spanac
- ½ linguriță de oțet balsamic
- 1 lingura suc de lamaie
- 1 lingura de coriandru tocat

Adrese:
1. Într-un castron de salată, amestecați somonul cu piersicile și celelalte ingrediente, amestecați și serviți rece.

Nutriție: Calorii 133, grăsimi 7,1, fibre 1,5, carbohidrați 8,2, proteine 1,7

Somon și Mărar Capere

Timp de preparare: 10 minute.
Timp de preparare: 15 minute.
Porții: 4

Ingrediente:
- 2 linguri de ulei de măsline
- 4 fileuri de somon dezosate
- 1 lingura capere, scurse
- 1 lingura de marar tocat
- 1 eșalotă tocată mărunt
- ½ cană cremă de cocos
- Un praf de piper negru

Adrese:
1. Se încălzește o tigaie cu ulei la foc mediu-mare, se adaugă ceapa și caperele, se amestecă și se prăjesc timp de 4 minute.
2. Adăugați somonul și gătiți 3 minute pe fiecare parte.
3. Adaugati restul ingredientelor, gatiti totul inca 5 minute, impartiti in farfurii si serviti.

Nutriție: Calorii 369, grăsimi 25,2, fibre 0,9, carbohidrați 2,7, proteine 35,5

salata de somon si castraveti

Timp de preparare: 10 minute.
Timp de preparare: 0 minute.
Porții: 4

Ingrediente:
- 2 linguri de ulei de măsline
- ½ lingurita suc de lamaie
- ½ lingurita coaja de lamaie
- Un praf de piper negru
- 1 cană măsline negre fără sâmburi și tăiate la jumătate
- 1 cană de castraveți tăiați cubulețe
- ½ kilogram de somon afumat, dezosat și tăiat cubulețe
- 1 lingura arpagic tocat

Adrese:
1. Într-un bol de salată, amestecați somonul cu măslinele și celelalte ingrediente, amestecați și serviți.

Nutriție: Calorii 170, grăsimi 13,1, fibre 1,3, carbohidrați 3,2, proteine 10,9

ton și eșalotă

Timp de preparare: 10 minute.
Timp de preparare: 15 minute.
Porții: 4

Ingrediente:
- 4 fripturi de ton, dezosate si fara piele
- 1 lingura de ulei de masline
- 2 salote tocate
- 2 linguri de suc de lamaie
- Un praf de piper negru
- 1 lingurita boia dulce
- ½ cană supă de pui cu conținut scăzut de sodiu

Adrese:
1. Se încălzește o tigaie cu ulei la foc mediu-mare, se adaugă eșalota și se prăjește timp de 3 minute.
2. Adăugați peștele și gătiți timp de 4 minute pe fiecare parte.
3. Adaugati restul ingredientelor, gatiti inca 3 minute, impartiti in farfurii si serviti.

Nutriție: Calorii 404, grăsimi 34,6, fibre 0,3, carbohidrați 3, proteine 21,4

Amestecul de cod cu menta

Timp de preparare: 10 minute.
Timp de gătire: 17 minute.
Porții: 4

Ingrediente:
- 2 linguri de ulei de măsline
- 1 lingura suc de lamaie
- 1 lingură mentă tocată
- 4 file de cod dezosat
- 1 lingurita coaja de lamaie
- Un praf de piper negru
- ¼ cană eșalotă tocată
- ½ cană supă de pui cu conținut scăzut de sodiu

Adrese:
1. Se încălzește o tigaie cu ulei la foc mediu, se adaugă șalota, se amestecă și se prăjește timp de 5 minute.
2. Adăugați codul, sucul de lămâie și restul ingredientelor, aduceți la fiert și fierbeți la foc mediu timp de 12 minute.
3. Împărțiți totul în farfurii și serviți.

Nutriție: Calorii 160, grăsimi 8,1, fibre 0,2, carbohidrați 2, proteine 20,5

Cod și roșii

Timp de preparare: 10 minute.
Timp de gătire: 16 minute.
Porții: 4

Ingrediente:
- 2 linguri de ulei de măsline
- 2 catei de usturoi tocati
- ½ cană bulion de legume cu conținut scăzut de sodiu
- 4 file de cod dezosat
- 1 cană de roșii cherry, tăiate în jumătate
- 2 linguri de suc de lamaie
- Un praf de piper negru
- 1 lingura arpagic tocat

Adrese:
1. Se incinge o tigaie cu ulei la foc mediu-mare, se adauga usturoiul si pestele si se prajesc 3 minute pe fiecare parte.
2. Adăugați celelalte ingrediente, aduceți la fiert și fierbeți la foc mediu încă 10 minute.
3. Împărțiți totul în farfurii și serviți.

Nutriție: Calorii 169, grăsimi 8,1, fibre 0,8, carbohidrați 4,7, proteine 20,7

ton cu boia

Timp de preparare: 4 minute.
Timp de preparare: 10 minute.
Porții: 4

Ingrediente:
- 2 linguri de ulei de măsline
- 4 fripturi de ton dezosate
- 2 lingurite boia dulce
- ½ linguriță de pudră de chili
- Un praf de piper negru

Adrese:
1. Se încălzește o tigaie cu ulei la foc mediu-mare, se adaugă fripturile de ton, se condimentează cu boia de ardei, piper negru și praf de chili, se gătesc 5 minute pe fiecare parte, se împart în farfurii și se servesc cu o garnitură.

Nutriție: calorii 455, grăsimi 20,6, fibre 0,5, carbohidrați 0,8, proteine 63,8

cod cu portocala

Timp de preparare: 5 minute.
Timp de gătire: 12 minute.
Porții: 4

Ingrediente:
- 1 lingura de patrunjel tocat
- 4 file de cod dezosat
- 1 cană suc de portocale
- 2 arpagic tocat
- 1 lingurita coaja de portocala
- 1 lingura de ulei de masline
- 1 lingurita otet balsamic
- Un praf de piper negru

Adrese:
1. Se incinge o tigaie cu ulei de masline la foc mediu, se adauga ceapa primavara si se caleste 2 minute.
2. Adaugati pestele si alte ingrediente, gatiti 5 minute pe fiecare parte, impartiti in farfurii si serviti.

Nutriție: Calorii 152, grăsimi 4,7, fibre 0,4, carbohidrați 7,2, proteine 20,6

Somon Busuioc

Timp de preparare: 5 minute.
Timp de preparare: 14 minute.
Porții: 4

Ingrediente:
- 2 linguri de ulei de măsline
- 4 fileuri de somon fără piele
- 2 catei de usturoi tocati
- Un praf de piper negru
- 2 linguri de otet balsamic
- 2 linguri busuioc tocat

Adrese:
1. Se incinge o tigaie cu ulei de masline, se adauga pestele si se prajeste 4 minute pe fiecare parte.
2. Adaugati restul ingredientelor, gatiti totul inca 6 minute.
3. Împărțiți totul în farfurii și serviți.

Nutriție: Calorii 300, grăsimi 18, fibre 0,1, carbohidrați 0,6, proteine 34,7

Cod și sos alb

Timp de preparare: 10 minute.
Timp de preparare: 15 minute.
Porții: 4

Ingrediente:
- 2 linguri de ulei de măsline
- 4 fileuri de cod, dezosate și fără piele
- 1 eșalotă tocată mărunt
- ½ cană cremă de cocos
- 3 linguri de iaurt cu conținut scăzut de grăsimi
- 2 linguri de marar tocat
- Un praf de piper negru
- 1 catel de usturoi tocat

Adrese:
1. Se încălzește o tigaie cu ulei la foc mediu, se adaugă șalota și se prăjește 5 minute.
2. Adăugați peștele și alte ingrediente și gătiți încă 10 minute.
3. Împărțiți totul în farfurii și serviți.

Nutriție: calorii 252, grăsimi 15,2, fibre 0,9, carbohidrați 7,7, proteine 22,3

Amestec de halibut și ridichi

Timp de preparare: 10 minute.
Timp de preparare: 15 minute.
Porții: 4

Ingrediente:
- 2 salote tocate
- 4 fileuri de halibut dezosate
- 1 cană ridichi, tăiate în jumătate
- 1 cană roșii tăiate cubulețe
- 1 lingura de ulei de masline
- 1 lingura de coriandru tocat
- 2 lingurite de suc de lamaie
- Un praf de piper negru

Adrese:
1. Ungeți o tavă de copt cu ulei de măsline și puneți peștele înăuntru.
2. Adăugați restul ingredientelor, puneți la cuptor și coaceți la 400 de grade F timp de 15 minute.
3. Împărțiți totul în farfurii și serviți.

Nutriție: calorii 231, grăsimi 7,8, fibre 6, carbohidrați 11,9, proteine 21,1

Amestecul de somon și migdale

Timp de preparare: 10 minute.
Timp de preparare: 15 minute.
Porții: 4

Ingrediente:
- 2 linguri de ulei de măsline
- ½ cană migdale mărunțite
- 4 fileuri de somon dezosate
- 1 eșalotă tocată mărunt
- ½ cană bulion de legume cu conținut scăzut de sodiu
- 2 linguri de patrunjel tocat
- piper negru după gust

Adrese:
1. Se incinge o tigaie cu ulei la foc mediu, se adauga ceapa si se caleste 4 minute.
2. Adăugați somonul și alte ingrediente, gătiți timp de 5 minute pe fiecare parte, împărțiți în farfurii și serviți.

Nutriție: Calorii 240, grăsimi 6,4, fibre 2,6, carbohidrați 11,4, proteine 15

cod și broccoli

Timp de preparare: 10 minute.
Timp de preparare: 20 de minute.
Porții: 4

Ingrediente:
- 2 linguri de aminoacizi de cocos
- 1 kilogram de buchețe de broccoli
- 4 file de cod dezosat
- 1 ceapa rosie tocata
- 2 linguri de ulei de măsline
- ¼ cană supă de pui cu conținut scăzut de sodiu
- piper negru după gust

Adrese:
1. Se incinge o tigaie cu ulei de masline la foc mediu, se adauga ceapa si broccoli si se calesc 5 minute.
2. Adăugați peștele și alte ingrediente, gătiți încă 20 de minute, împărțiți totul în farfurii și serviți.

Nutriție: Calorii 220, grăsimi 14,3, fibre 6,3, carbohidrați 16,2, proteine 9

Mix de ghimbir și biban de mare

Timp de preparare: 10 minute.
Timp de preparare: 15 minute.
Porții: 4

Ingrediente:
- 1 lingura de otet balsamic
- 1 lingură ghimbir ras
- 2 linguri de ulei de măsline
- piper negru după gust
- 4 fileuri de biban de mare dezosate
- 1 lingura de coriandru tocat

Adrese:
1. Se incinge o tigaie cu ulei de masline la foc mediu, se adauga pestele si se prajeste 5 minute pe fiecare parte.
2. Adaugati restul ingredientelor, gatiti totul inca 5 minute, impartiti totul in farfurii si serviti.

Nutriție: calorii 267, grăsimi 11,2, fibre 5,2, carbohidrați 14,3, proteine 14,3

Somon și fasole verde

Timp de preparare: 10 minute.
Timp de preparare: 20 de minute.
Porții: 4

Ingrediente:
- 2 linguri de ulei de măsline
- 1 cană bulion de pui cu conținut scăzut de sodiu
- 4 fileuri de somon dezosate
- 2 catei de usturoi tocati
- 1 lingură ghimbir ras
- ½ kilogram de fasole verde, tăiată și tăiată la jumătate
- 2 lingurite otet balsamic
- ¼ cană de arpagic tocat

Adrese:
1. Se incinge o tigaie cu ulei de masline la foc mediu, se adauga ceapa si usturoiul si se calesc 5 minute.
2. Adăugați somonul și gătiți timp de 5 minute pe fiecare parte.
3. Adaugati restul ingredientelor, gatiti totul inca 5 minute, impartiti in farfurii si serviti.

Nutriție: calorii 220, grăsimi 11,6, fibre 2, carbohidrați 17,2, proteine 9,3

www.ingramcontent.com/pod-product-compliance
Lightning Source LLC
Chambersburg PA
CBHW070409120526
44590CB00014B/1321